会計プロフェッションの信頼の礎

公認会計士倫理読本

国際的な信認を得るための鍵

平成28年増補版

八田 進二 [著]

財経詳報社

増補版の刊行にあたって

　わが国会計プロフェッションの地位の一層の向上と信頼性の確保に貢献することを願い，平成16（2004）年に前書を上梓したところ，他に類書がないということもあり，大変多くの読者を得ることができたことは，望外の喜びである。

　しかし，その後も会計プロフェッションを取り巻く環境はより一層の厳しさを増してきており，決して安閑としていられる状況にはない，というのが偽らざるところである。

　というのも，21世紀の初頭にアメリカで起きたエンロン社の破綻事件を契機に，歴史あるアーサーアンダーセン会計事務所が消滅したのと同様に，平成18（2006）年には，カネボウの粉飾事件等に関わったとして，2か月の監査業務停止処分を受けた中央青山監査法人（その後，みすず監査法人に名称を変更）が，結局は信頼回復が困難となって，翌年の平成19（2007）年7月に解散の憂き目を見ることとなったのである。つまり，会計プロフェッションにとって，信用，名声ないし評判といった信頼の絆に綻びが生ずると，社会からは極めて厳しい批判が寄せられ，業務の存続すら危うくなるという過酷な現実を目の当たりにしたのである。

　一方，国際会計士連盟（IFAC）では，2001年以降，特に監査人の独立性の強化を図りつつ，職業的専門家としての社会的役割を自覚し，社会の期待に応えるために役立つ規範として「倫理規程」（Code of Ethics for Professional Accountants）を改訂してきており，日本公認会計士協会の「倫理規則」も，ほぼそれらを踏襲したものとなっている。その意味で，会計プロフェッションにとっての倫理には，もはや国境はないということであり，公共の利益

（パブリックインタレスト）を守るためのプロフェッションとしての責務は極めて大きいのである。

　時代を問わず，また，国を問わず，会計プロフェッションを取り巻く環境は，経済の進展とともに，著しい変革を余儀なくされているが，少なくとも，会計プロフェッションにとっての倫理の重要性は，全く変わることがない。それどころか，信頼性と透明性がより強く求められるようになってきている市場の関係者にとって，高い倫理観を堅持していくことがより一層強く求められてきている。そうした高度な倫理観を保持し，かつ，監査独占業務を担ってきている会計プロフェッションこそ，率先して，社会の手本となるよう期待するものである。

　本来であれば，新たに前書の続編を上梓して，わが国会計プロフェッションの教育および研修に役立てたいとの思いも強くあるが，諸般の事情等により，いまだ叶わない状況にある。ついては，出来るだけ早期にこの思いを実現したいと思っていることだけは記しておきたい。

　なお，今般の増補版の上梓に際しては，末尾に挿入している日本公認会計士協会の「倫理規則」を最新のものにしている。掲載に関しては，関係者からの快諾を得ていることを申し添えたい。

　ところで，本増補版の作製に際しては，株式会社財経詳報社代表取締役宮本弘明氏のお力添えを得ることができた。ここに記して感謝の意を表するものである。

2016年7月6日
「倫理に悖る行為は高くつく」
との言を心に刻みつつ

八　田　進　二

… は　し　が　き

　21世紀の幕開けとともに，会計プロフェッションを取り巻く環境は，国内外において激変の一途をたどってきている。その変革の引き金が，2001年12月に，会計および監査先進国のアメリカにおいて露呈した，エンロン社の破綻事件にあったことは衆目の認めるところである。その結果，アメリカでは，2002年7月に，異例とも思われる速さで制定された「企業改革法」により，健全な資本・証券市場の確立と，会計プロフェッションの行う監査業務の信頼性回復のための改革が，矢継ぎ早に断行されてきている。
　なかでも，会計事務所の新たな監視機構として創設された「公開会社会計監視委員会(PCAOB)」は，会計プロフェッションの業務に直接関わる監査基準，品質管理基準および倫理基準の設定権限を有するとともに，かかる業務の監視等を行うこととなったことは特筆すべきことである。これにより，アメリカでは，会計プロフェッションの主導により，四半世紀にわたって実施されてきた自主規制システムは終焉を迎えることとなり，規制強化ないし公的監視が始動することとなったのである。また，会計プロフェッションの国際組織である国際会計士連盟(IFAC)においても，こうしたアメリカの動向に注視しながら，より厳格な監査の実施に向けた対応が講じられてきている。
　一方，わが国の場合，平成14(2002)年1月の「監査基準」の改訂および12月の「中間監査基準」の改訂により，従来とは大きく異なった監査環境が見られるようになった。その端的な表れが，平成15(2003)年5月の「りそな銀行」の繰延税金資産の計上に係る監査判断の問題であった。加えて，11月には，「足利銀行」の監査においても同様の問題が投げかけられたことは，い

まだ記憶に新しいところである。さらに，わが国の監査制度をより信頼しうるものとするための改革として，平成15(2003)年5月に，実に37年ぶりに「公認会計士法」が改正され，公認会計士の使命・職責を明示するとともに，監査業務の厳格な実施に向けた改革がなされることとなった。

　このように，会計プロフェッションを取り巻く国内外の状況は，目まぐるしく変わってきているが，そこでの改革は，常に，「会計プロフェッションに対する信頼性を不動のものにしなければならない」との社会における強い思いが盛られていることに留意しなければならないであろう。つまり，今日の経済社会において，有効かつ健全な資本・証券市場が確保されるためには，かかる市場でのディスクロージャーの番人として，会計プロフェッションが社会からの全幅の信頼を獲得することが不可欠であり，その信頼の中核に位置するのが，公認会計士の高度な倫理観にあることを理解しなければならないのである。一見，抽象的であり，また，雲を摑むような議論になりがちな倫理の問題が，実は，会計プロフェッションにとっては，生命線ともいえるほどに重要かつ現実的な意味を有していることを認識しなければならないのである。

　日本公認会計士協会(JICPA)では，平成14(2002)年4月より，全会員に対して継続的専門研修(CPE研修)を義務化するとともに，公認会計士の職業倫理高揚に向けた取り組みを充実させてきている。しかし，すでに高度な教育を習得し，かつ，相当の実務経験を有する公認会計士の場合に，どのようにすれば倫理観は高められるのであろうか？　実は，その答えを模索するための素材を提供したいと願い，本書をまとめることとしたのである。

　本書に盛られた内容は，もともとJICPAでのCPE研修で講義したものが基になっているが，その後の監査環境の変化に合わせて大幅な見直しをしている。

　本書が，わが国会計プロフェッションの地位の一層の向上と信頼性の確保

はしがき

に貢献できるのであれば，これに優る喜びはない。なお，本書の姉妹編として，『公認会計士倫理教本』も合わせて上梓することとした。公認会計士の倫理に関する規定および法規についての理解を深めていただければと願っている。

　なお，本書作製に際しては，極めて限られた時間での作業であったにもかかわらず，町田祥弘氏（東京経済大学助教授）と田中智徳君（青山学院大学大学院修士課程）の多大な協力を得た。さらに，JICPAの奥山章雄会長はじめCPE研修制度ご担当の方々，ならびに株式会社財経詳報社社長の永冨保之氏および常務取締役の富高克典氏の力強いご支援を得ることができた。ここに記して感謝の意を表するものである。

2004年1月31日
わが国会計プロフェッションの
倫理観の高揚を願って
八　田　進　二

目　次

第1章　職業倫理の基礎概念
1　職業倫理教育の必要性 …………………………………………………3
2　会計プロフェッションの意義 ………………………………………6
　(1)　古典的なプロフェッション ……………………………………6
　(2)　近代的・現代的なプロフェッション …………………………8
　(3)　プロフェッションの特質 ………………………………………9
3　倫理と職業倫理 ………………………………………………………12
　(1)　倫理と職業倫理の関係 …………………………………………12
　(2)　自主規制としての職業倫理 ……………………………………15

第2章　財務諸表監査と職業倫理
1　財務諸表監査の基本的枠組み ………………………………………21
　(1)　財務諸表監査の基本的枠組み …………………………………21
　(2)　監査人の条件とその受容 ………………………………………24
2　自主規制としての職業倫理 …………………………………………27
　(1)　私的統制 …………………………………………………………27
　(2)　自主規制の4つの要素 …………………………………………30
　(3)　監査基準と職業倫理規程 ………………………………………32
3　日本公認会計士協会「倫理規則(紀律規則)」制定の経緯 ……35

第3章　職業倫理に関する意識調査
　(1)　職業倫理に関する意識調査 ……………………………………41
　(2)　アンケート調査の対象学年・専攻 ……………………………42

(3)　アンケート調査の対象授業 ……………………………………… *43*
　(4)　高い倫理観が求められる職業 …………………………………… *44*
　(5)　実際に高い倫理観を保持していると考えられる職業 ………… *45*
　(6)　倫理観に関する職業への「期待のギャップ」………………… *46*
　(7)　公認会計士に高い倫理観が求められるのは，どの場合か …… *48*
　(8)　企業破綻に関連した不正な財務報告の原因は誰にあるか …… *49*
　(9)　不正な財務報告に関して監査人の倫理観に問題があった場合の
　　　最大の原因 ………………………………………………………… *50*
　(10)　まとめ ……………………………………………………………… *51*

第4章　制度としての職業倫理

　1　職業倫理の3つの側面 ……………………………………………… *55*
　2　自主規制の見直しの動き …………………………………………… *58*
　　(1)　企業改革法の成立 ………………………………………………… *58*
　　(2)　アメリカにおける自主規制の種類 ……………………………… *59*
　　(3)　アメリカにおける自主規制システムの是正 …………………… *60*
　3　制度としての職業倫理の改革 ……………………………………… *64*
　　(1)　制度としての職業倫理 …………………………………………… *64*
　　(2)　制度としての職業倫理の改革―アメリカの場合― …………… *65*
　　(3)　制度としての職業倫理の改革―わが国の場合― ……………… *67*
　　(4)　制度としての職業倫理の改革
　　　　―国際会計士連盟(IFAC)の場合― ……………………………… *69*

第5章　「公認会計士法」改正の意義

　1　改正に至るまでの経緯 ……………………………………………… *73*
　　(1)　公認会計士法の改正 ……………………………………………… *73*
　　(2)　改正までの経緯 …………………………………………………… *74*
　2　改正の主要論点と主な改正項目 …………………………………… *77*

3　公認会計士の使命規定の新設 …………………………………… *80*
　　　(1)　使命規定の新設 ……………………………………………… *80*
　　　(2)　公認会計士と監査人 ………………………………………… *81*
　　4　その他の主な改正事項と課題 …………………………………… *82*

第6章　実践としての職業倫理

　　1　実践としての職業倫理の高揚に向けて ………………………… *87*
　　　(1)　実践としての職業倫理の意義 ……………………………… *87*
　　　(2)　「制度としての職業倫理」との関連 ……………………… *88*
　　　(3)　「理論としての職業倫理」との関連 ……………………… *89*
　　　(4)　倫理教育の現状と実践としての職業倫理 ………………… *89*
　　2　現状における課題 ………………………………………………… *91*
　　3　倫理ケース―エンロン・アンダーセン問題をもとに― ……… *93*

むすびにかえて―公認会計士の職業倫理が有する重み― ………… *97*

付　録

　　1　ディスカッションのための指針 ………………………………… *103*
　　2　エンロン・アンダーセン問題の経緯 …………………………… *106*
　　3　エンロン後のアメリカにおける制度改革等の略年表 ………… *109*
　　4　会計士等の職業倫理に関する大学生の意識調査 ……………… *110*

資　料

　　1　倫理規則 …………………………………………………………… *113*
　　2　倫理規則の独立性（第14条）の解説 …………………………… *158*
　　3　独立性に関する法改正対応解釈指針 …………………………… *165*

索　引 ………………………………………………………………………… *166*

図　表

図表1	古典的なプロフェッション	7
図表2	近代的・現代的なプロフェッション	8
図表3	プロフェッションの特質	9
図表4	財務諸表監査の基本的枠組み	21
図表5	監査人の条件とその受容	24
図表6	私的統制としての職業倫理	29
図表7	会計プロフェッションの自主規制システム(4つの要素)	30
図表8	日本公認会計士協会「倫理規則(紀律規則)」制定の経緯	36
図表9	アンケート調査の対象学年・専攻	42
図表10	アンケート調査の対象授業	43
図表11	高い倫理観が求められる職業	44
図表12	実際に高い倫理観を保持していると考えられる職業	45
図表13	倫理観に関する職業への「期待のギャップ」	46
図表14	公認会計士に高い倫理観が求められるのは，どの場合か	48
図表15	企業破綻に関連した不正な財務報告の原因は誰にあるか	49
図表16	不正な財務報告に関して監査人の倫理観に問題があった場合の最大の原因	50
図表17	職業倫理における「理論」「制度」「実践」の関係	56
図表18	アメリカの会計プロフェッションによる自主規制の種類	59
図表19	アメリカにおける自主規制システムの是正	61
図表20	アメリカにおける職業倫理規程改訂の経緯	66
図表21	日本公認会計士協会会長声明文	68
図表22	公認会計士法改正に至るまでの経緯	75
図表23	公認会計士法の改正項目	79

第1章

職業倫理の基礎概念

| コラム | 倫理的行為は独立監査人の中枢 |

　倫理の理論は，記録にもとづいて思索が行われるようになってこのかた哲学者の関心事とされてきた。哲学者は，人間の善について関心があるので，議論の内容は，少数の特定の職業人に対する倫理というよりもむしろいわゆる一般倫理の問題に向けられてきた。それゆえにわれわれは当面する特殊問題を直接解決するのに，このような哲学的な理論を当てにすることはできない。それにもかかわらず一般倫理に関する研究成果は，特定の学問分野での適切な概念形成にとって基本的に重要なものである。監査分野における倫理的行動あるいはその他の分野におけるそれは，哲学者が人間のために一般的に考案したところの倫理行為に関する一般論を特定の分野に適用することにほかならない。監査における倫理行為は，倫理の一般論からその正当性と本質とが引き出される。したがって，われわれはこの問題に関する若干の偉大な哲学者の思考方法と論証に注意を払わなければならない。

出所：近澤弘治監訳『マウツ＆シャラフ　監査理論の構造』中央経済社，1987年

1　職業倫理教育の必要性

　監査実務に携わっている多くの会計士にあっては，継続的専門研修(CPE研修)等の場において，職業倫理(professional ethics)または倫理教育が取り上げられ，折に触れ，倫理の習得あるいは倫理観を高めることの意義が強調されることに対し，若干の疑念または違和感があるかもしれない。
　まず，なぜ，今さら自分が倫理教育を受けなくてはならないのか，という素朴な疑問を抱くのではないであろうか。倫理観というものは，子供の頃から，小中および高校の初等，中等教育を通じて，あるいは実務ないし実践の中で，十分に習得してきているのではないか，と。
　また，第2には，仮に講義や研修を受けたからといって，それによって急激に倫理観が高まるのだろうか，そんなことはないだろう，という疑念を抱く向きもあるかもしれない。
　さらには，現実に監査に関する不祥事が生じた際に，わが国に限らず，必ずといってよいほど「倫理観が問題である」とか，「倫理的責任を痛感していない」というマスコミ報道等がなされる。しかし，そのときに，「彼は彼，彼女は彼女であって自分は違う」あるいは，「彼または彼女は自分とは違って倫理意識が低かったのであろう」と考えるかもしれない。そして，所詮，倫理は，個々の会計士の心の持ち様の問題であり，他からの規制を受けるものでないのだ，と納得しようとするのが通例であろう。
　そこで，本書の内容に入る前に，これらの疑念に対して簡単に答えておくことにしよう。
　まず，なぜ，今さら倫理なのか，という点については，逆に次のように尋ねたい。すなわち，難関といわれる公認会計士試験を突破して，公認会計士の資格を取得したとして，それでは，その間に倫理というものに対する取り

組みがいったいどこで，どのように行われてきたといえるのであろうか。通例，大学教育における一般教育科目には，「倫理学」とか「倫理」と称される科目があるが，必修というわけではないし，公認会計士になるまでの間に，真正面から倫理の問題に取り組む機会はほとんどなかったというのが大多数ではないであろうか。つまり，会計士には高度な倫理観が求められるといいながら，倫理の教育，あるいは倫理のトレーニングや研修が行われている場が，実は，ほとんどどこにもないということが何より問題なのである。

それにもかかわらず，昨今の会計または監査に関連のある事件，事案を振り返ると，必ずや倫理問題が取り上げられているのである。一番の好例が，最近では，2001年12月に破綻したエネルギー卸売会社エンロン社の事件であろう。同社の経営破綻によって会計不正が発覚し，その後アメリカでは，会計不信と称されるような，会計および監査に対するさまざまな批判が噴出する状況がもたらされることとなった。最終的には，2002年7月30日の**企業改革法**(正式な略称は「2002年サーベインズ＝オックスリー法」と称す)の成立によって，会計，監査およびコーポレート・ガバナンスに関して，歴史を塗りかえる大改革が実施されることとなったのである。そこに至るまでの状況として，アーサー・アンダーセンという1913年創立以来，89年の歴史を誇る大会計事務所が，同事務所の一部の担当者がとった行動が倫理にもとるのではないかとの批判を受け，結果として，社会からの信頼を一気に失墜したことで歴史ある事務所の幕を閉じることになってしまったのである(なお，**付録2**の「エンロン・アンダーセン問題の経緯」を参照のこと)。

このような不祥事の発覚からの教訓は，公認会計士あるいは監査人として保持すべき倫理観の欠如というものが，いかに大きな犠牲，代償をもたらすものとなるかということである。エンロン事件は，世界的な大規模会計事務所の消滅という結果によって，改めてそのことを知らしめるものとなったといえるのである。

残念ながら，その後，わが国においても，ある中規模監査法人において，粉飾の見逃しが行われ，ある面では倫理観の欠如によって処分されるという

事例が生じている。それを踏まえて，日本公認会計士協会会長の声明(68頁の**図表21**を参照のこと)が公表されており，旧来にも増して，倫理観の高揚が焦眉の急となっているものと考えられる。

かつて，監査論研究者の中にも，倫理は，精神的な「お心得」ないしは「お題目」であると捉える向きもあった。すなわち，倫理というのは，1880年代頃英国において初めて会計専門職業が生成した時期に，会計士はある程度襟を正して職務に携わらなければならない，ということで問題になった議論であって，当時は「エチケット」と呼ばれていたものである，というのである。

しかしながら，現代では，会計士は，公共の利益を守る専門職業人として，とりわけ他の専門職業人——特に医者，弁護士など——と違って，社会的な対応が必要だと解されているのである。

ところが，実務に携わっている会計士はもちろんのこと，実務よりも若干先行していなければならない研究領域にあってすら，公認会計士あるいは監査人を取り巻く職業倫理の問題に関しては，残念ながらわが国の場合，ほとんど重視されない状況で今日に至ってしまったのである。今後は，実務社会と研究・教育の両分野が連携しながらこの問題に取り組んでいくことが，喫緊の課題であるといえよう。

以下では，会計専門職の職業倫理問題を論じるための基礎として，倫理に関して最低限必要な基礎概念の整理を行うこととする。

2　会計プロフェッションの意義

(1) 古典的なプロフェッション

　会計プロフェッションという用語がある。もともと**プロフェッション**(profession)という言葉は，なかなか訳しにくく，日本語では専門職業と訳される場合が多いが，それでは必ずしも意を尽くしてはいないように思われる。英語圏社会で使われるプロフェッションという用語は，何も公認会計士や弁護士等の資格を持った者だけを指すものではなく，少なくともある一定の条件を満たしている専門職，あるいは専門職に関わることのできる人々，こういった集団を指してプロフェッションと呼んでいるのである。ただ，わが国の場合には，プロフェッションとりわけ会計プロフェッションと称するときには，日本公認会計士協会に登録されている公認会計士のことを指すと考えて，まず間違いはないであろう。

　ところで，このプロフェッションという考え方が最初に芽生えたのは，高等教育機関としての大学が創設されたヨーロッパ社会においてであった。中世ヨーロッパにおいて初めて大学がつくられたとき，最初に設置されたのが，牧師養成の学部である神学部，医師養成の学部である医学部，そして法曹人養成の法学部であった。プロフェッションという呼称は，中世ヨーロッパにおける知識人階級と呼ばれる聖職者，医者，および弁護士という3つの職業グループに関わる人々を指す言葉として生成したといわれているのである。

　プロフェッションという言葉の動詞形は，「プロフェス(profess)」であるが，これは神に誓う，告白する，懺悔する，お祈りするという意味の言葉である。中世ヨーロッパの大学において高等教育を受けた人々が，キリストの前において自らの行いを懺悔し，国の人々，または社会の利益(公共の利益)に貢献するということを神の前に誓う行為こそがプロフェスであり，それを

第1章　職業倫理の基礎概念

行って初めて社会的に認知された職業人になれるとされていたのである。

ヨーロッパ社会は基本的にキリスト教の文化を背景としている。そこで，中世ヨーロッパにおいて，このキリスト教の教えのもとに，公共の利益を守るような職務に携わる人々，あるいはそういった職業群をもって自然発生的にプロフェッションと呼ぶようになったのである。

このような歴史的背景によって，聖職者，医者および弁護士の3つをもって，**伝統的，歴史的，あるいは古典的なプロフェッション**であるというように位置づけている（**図表1**参照）。

このように，もともとプロフェッションという用語は宗教的な考え方が根源にあり，したがって，当然その中には，「あれをしてはならない」とか，「これをしてはならない」といったように，人間として不当な行動を行ってはならないという道徳律に似た倫理観があったのである。

その後，聖職者，医者および弁護士に限らず，知的水準の高い専門職業グループであれば，同様にプロフェッションと呼ぶに値するということで，プロフェッションの範囲または種類が拡大してきたのである。しかし，そもそもプロフェッションという言葉で総称される専門職業は，宗教的な精神，倫理観およびその基本精神を踏まえて，社会奉仕ないしは非営利的な活動をす

図表1　古典的なプロフェッション

```
キリスト教の教え・大学教育の根幹
　1．神学　➡　聖職者
　2．医学　➡　医者
　3．法学　➡　弁護士
              ⬇
    宗教的倫理を基本精神とした道徳律
    社会奉仕・非営利活動を行動づける騎士道の精神
```

るということ，つまり，中世ヨーロッパの騎士道の精神とでも呼ばれるような，身を挺してでも他を利するという「利他主義」的考え方を有するものとして生成したのである。

(2) 近代的・現代的なプロフェッション

近代以後，文明の進歩，産業の発展，さらには知識の高度化，多様化によって種々の知的職業が生まれるようになる。その代表的なものの1つが，いわゆる会計専門職である公認会計士という職業であった。

ところで，公認会計士をはじめとする，これらの知的職業は，宗教的な色彩から解放されてはいるものの，少なくとも高度な知識水準を維持しながら，公共の利益または滅私奉公的な社会奉仕を行うという観点では共通するということで，同様にプロフェッションという位置づけをもって捉えられるようになったのである。その意味で，かかる知的職業をもって，**近代的・現代的プロフェッション**または**産業型プロフェッション**と呼ぶのである（**図表2参照**）。

近代的・現代的プロフェッションは，宗教的な色彩から解放されているものの，依然として，その職業および職業グループが社会の人々から信頼を得

図表2　近代的・現代的なプロフェッション

> **科学文明の進歩・産業の発展，高度な専門知識**
>
> 種々の知的職業　　➡　　公認会計士，等
>
>
>
> 産業社会型プロフェッション
>
> （宗教的色彩からの解放）
>
>
>
> 高度な倫理観の保持の要請

なければならないことに変わりはない。そのために，専門職業グループであるプロフェッションが高度な倫理観を保持すべきであることは，かかるプロフェッションと社会との間での契約または約束として取り決められていると解される点については，十分に留意すべきものといえる。

(3) プロフェッションの特質

近代的・現代的プロフェッションの生成を受けて，その後，1960年代および1970年代において，主に，社会学の領域において，職業の分派，職業の発展の経緯または職業群の識別をするために，さまざまな職業が「プロフェッションといえるのか，あるいはいえないのか」ということが議論になった。そこで，多くの学者やいろいろな立場の人々が，各職業をプロフェッションかどうかを識別する基準，ガイドラインまたはルールを追求したのである。

そのような中で，アメリカ公認会計士協会（American Institute of Certi-

図表3　プロフェッションの特質

1. 専門的知識があること
2. 正式な教育課程を備えていること
3. プロフェッションの団体への入会に関する基準があること
4. 職業倫理規程があること
5. 免許状もしくは特別の称号によってその地位が認められていること
6. 所属する人々が実施する業務に対して公共の利益が存すること
7. 所属する人々がその社会的責任を認識していること

（出典：八田進二訳『アンダーソン委員会報告書——会計プロフェッションの職業基準』白桃書房，1991年，19-20頁）

fied Public Accountants：AICPA)等が早い段階で受け入れた考え方として，**図表3**のようなものがある。すなわち，ここに掲げた7つの特質を持った者がプロフェッションであると理解されるようになって，今日に至っているのである。

　まず第1に，専門的な知識を取得していること。公認会計士の場合，この点は問題ないであろう。

　第2は，正式な教育課程を備えていること。これはおそらく資格試験を受ける場合の前提条件としての現行の公認会計士試験での1次試験，2次試験および大学における教育，そして，その後の実務補習，さらには近年行われるようになったCPE研修，こうした一連の教育課程があるということである。

　3つ目が団体への入会に関する基準があること。誰も彼もプロフェッションに仲間入りできるわけではなく，一定のハードルを超えた者のみが入会を認められるということである。わが国の場合，日本公認会計士協会が唯一の会計プロフェッションの職業団体であるため，そこに入会するための基準があるということと解することができるであろう。

　4つ目が，本書の主たるテーマである職業倫理規程があるということ。前述のとおり，古典的なプロフェッションから近代的なプロフェッションに移行した際にも，唯一そのまま残された共通概念が，高度な倫理観を保持しているという問題であった。すなわち，職業倫理規程の整備は，プロフェッションの成立要件ともいうことができるのである。

　5つ目が，免許状もしくは特別の称号によってその地位が認められていること。わが国の場合には国家試験の名のもとに公認会計士という称号が与えられているが，国によっては民間の団体が行っているところもある。しかし，いずれにせよ，国家またはそれに準じた権威ある機関による裏づけを有する称号または免許状が交付されているということである。

　6つ目は，所属する人々が実施する業務に対して公共の利益が存すること。この公共の利益というのは，英語では「**パブリック・インタレスト**(Public

Interest)」と称するもので，プロフェッションの業務は，私利私欲を追求するための補佐的・援護的な業務が中心ではないということである。

　そして，7つ目が，プロフェッションに属する人々が，それぞれ社会的な責任を適切に認識し，自覚しているということである。

　わが国では，「プロ」という呼称がよく使われている。例えば，プロボクシング，プロ野球，プロレス等である。しかしながら，これらは単にアマチュアに対する反対語として，職業としてスポーツを行っているということに過ぎない。そこでは，専門知識または技能はあるにしても，教育課程はないであろう。職業団体はあるかもしれないが，倫理規程はおよそない。したがって，日本語でいうプロという言葉と，プロフェッションという用語は厳密に分けて考える必要があるのである。

　今日，職業群がいろいろ分かれてきているが，特定の職業が本当にプロフェッションと呼べるのか，あるいは，呼べないのか，その識別のための基準として，上記の7つを当てはめてみることが肝要であろう。

3　倫理と職業倫理

(1)　倫理と職業倫理の関係

　次に,「倫理とはいったい何なのか。」を検討しておくこととしよう。

　倫理については,哲学上も古くから議論のあるところであり,有名な哲学者または倫理学者,例えば,ソクラテス,ヒューム,ジョン・ロック,カントといった人々の著作がある。倫理について理解するには,あたかもこの倫理ないし倫理学を修めなくてはならないかのような誤解があると思われる。

　1950年代頃から,特にアメリカ公認会計士協会(AICPA)の中にあって,職業倫理というものの高揚およびその教育に多大な貢献をした有名な実務家として,ジョン・L. ケアリーという会計士がいる。彼は,アメリカ公認会計士協会(AICPA)の名のもとに,職業倫理に関する複数の啓蒙書を公表しているが,その中で,専門職業の場合,通常,日常社会あるいは一般社会で用いられている用語としての倫理という用語をたまたま借用したために,一般に倫理と職業倫理に関する理解が混乱しているのではないか,と述べている。彼によれば,職業倫理とは,会計および監査上の行動を律するための行動の規範またはルールであって,もっと実践的,現実的なものとして理解しなければならないというのである。

　そのような観点で,倫理と職業倫理の相違を考えていくこととしたい。

　最も一般的には,「倫理とは,ある全体社会で公認された行動規準であり,その適用を受けるすべての人びとに対して,それへの遵守が要求される社会的規範」(尾高邦雄『職業の倫理』中央公論社(昭和53年)10頁)とされている。

　こうした理解からもわかるように,職業倫理を考えていく際に,まず,社会一般の倫理通念を前提とすることについては問題がないであろう。しかしながら,ここでいう職業というのは,職業全般を前提とするのではなく,専

門職業，すなわちプロフェッションとして役割を担っている人々の倫理を指向しなければならないという点に留意すべきである。

また，少なくともそのように考えたとき，先のケアリーの考えによれば，専門職業が有しなければならない責任としては，大きく3つの領域における責任があると捉えることができる。すなわち，プロフェッションが有する責任として，**法律的な責任**，**倫理的な責任**，および倫理的な基準を満たすよりもさらに高度な**道徳的な責任**の3つがある。

これに対して，わが国の代表的な監査論のテキストによれば，職業倫理を次のように示している。

「職業倫理とは，監査業務から監査規準・準則に違反するような不当な行為を排除することを通じて公衆を保護し，あわせて監査人の間での不当な競争を阻止して個々の監査人を保護することにより，監査人に対するより高度の社会的信用を確保するために，人間行為としての善悪といった道徳的な考えを専門職業人としての『正しい行為』という観点から，現実には達成し得ないかもしれないが，しかし行動目標とされる理想の水準よりは低く諸法令よりは高い水準でもって，監査プロフェッションがみずからの行為を抑制するために定めた規律であり，監査実践で公衆の信頼を得るために監査人の行動はどのようにあるべきかのワーキング・ルールである。」

（出典：山桝忠恕・檜田信男著『監査基準精説』税務経理協会（昭和53年）73頁）

ここでの要点は，職業倫理とは，社会の人々の信頼を得るために監査人の行動がどうあるべきか，ということの具体的，実践的な行動のルールであるということである。

わが国では，倫理という言葉は，何かのお題目や抽象的な議論であると理解して，一般の人々はおろか，実業界ないし会計実務などとは関連がない，と捉えられているように思われる。しかしながら，とりわけ職業実践の場で

問題となる倫理というのは，それほど次元が高くない，日々の行動を律する規範，あるいは諸法令の遵守，準拠，または会則・規則等への準拠といったことが大半を占めているのである。

では，一定の従うべきルールがあるというのであれば，それを学習すれば済むかというと，それだけでは問題は解決しない。本章の冒頭に示した，第2の疑問，すなわち，仮に講義や研修を受けたからといって，それによって倫理観が高まるのだろうか，という点に答えるならば，当然ながら，それだけでは高まるわけがない，ということになる。問題はそう簡単なものではないのである。

ビジネス社会，社会通念，または社会の教育水準や環境により，また，時代時代によって倫理観も変化していく。昔は認められたことであっても，今日では許されないという事柄も多いのである。経済環境，または世の中の動向に従って倫理観も変わるものであるから，常に自らの倫理観をアップデートし，現在求められる水準の倫理観を身に付けなければならない。そのためには，継続教育および継続トレーニングしかないのである。

興味深いことに，折に触れ倫理教育を受け，倫理問題に関わったり，あるいは倫理に係る規則・ルールを目にすることで，倫理問題に対する関心が深まり，倫理に関する事項に敏感になり，かつ，倫理に対する高度な意識を保つことができるようになるものである。逆にいえば，倫理問題や教育等から遠ざかっていれば，倫理観に対する意識が欠如して，ともすれば，無意識のうちに，若干倫理観にもとる行為を行ってしまうかもしれないのである。

このことはまた，冒頭の第3の疑問，すなわち，他人は他人であり，自分は自分ではないか，という考え方に対しても関連性がある。たまたま特定の会計士が倫理にもとる行為，法に触れるような行為をしてしまったとしても，本人だけでなく，他の会計士にも責任が及ぶのが公認会計士業界である。この点については，後で検討するが，他の専門職と決定的に違うところが公共の利益を保護するのが公認会計士の使命であるということから，他人の失敗は自分の失敗と考えなければいけないのである。他人の倫理観の欠如は自分

の倫理観の欠如という形で責任が問われるのである。したがって，現在，いかなる倫理問題が生じ，また，生じる可能性のある状況にあるのかについて，常に敏感でなければならないのである。

(2) 自主規制としての職業倫理

ここで，一般的に，英語圏社会において強調されている職業倫理についての考え方を明らかにしていると思われる定義を示しておくこととする。

- 職業倫理とは，プロフェッションの自主規制および私的統制の問題を考察することである。
- 社会はプロフェッションに一定の仕事をなす排他的独占権を与えている。このような権利を伴って，プロフェッションは，自主規制の権限を委ねられている。
- 職業倫理とは，プロフェッションが自らのメンバーを統制するための規則である（自立性の促進）。
- プロフェッションが，自らの倫理規程を履行しないか，効果的な自主規制を行わない場合には，社会（国家）は自主規制の特権を取り上げることができる。

(出典：Stephen E. Loeb ed., *Ethics in the Accounting Profession*, John Wiley & Sons, 1978, p. 5.)

このうち，2番目の排他的独占権と自主規制の権限というのは，会計プロフェッションには監査業務等の独占的な権限が与えられ，その見返りとしてかかる業務を適切に遂行し，そのグループ全員はそれを忠実に履行していることを立証するために自らの業務および自らの立場というものを律しなければならないという責務を負うものである，との考え方を示したものである。

また，最後の社会（国家）が自主規制の特権を取り上げるというのは，排他的な独占権限をプロフェッションに委譲することを禁止して，その権限を取

り上げるということである。

　このような不幸な事態が生ずる場合はあるのだろうかという点に関しては，それは実際に起きているということである。エンロン事件以後の，アメリカ社会は，実はこの問題の渦中にあるといってもよい。

　これまでアメリカは，自他ともに認める会計先進国，監査先進国であった。とりわけ，会計プロフェッションの職業倫理観を高めながら，1970年代の後半からアメリカ公認会計士協会(AICPA)のいわゆる自主規制システムがさまざまな形で機能してきたのである。例えば，わが国でも行われるようになった品質管理レビューのモデルとなったピア・レビューや，CPE制度もアメリカでは十数年前に義務化されてきている。これらは，会計プロフェッション全体のボトムアップ，レベルアップおよび倫理観の高揚を意図して行われてきている，自主規制システムの大きな柱の1つなのである。

　しかしながら，エンロン事件以後，会計プロフェッションの自主規制に対する批判が示されるようになった。特に，会計事務所が相互に監査業務の審査を行うというピア・レビュー制度の監視機関として，1977年に創設された，公共監視審査会(Public Oversight Board：POB)が機能していないとされ，2002年の3月31日解散することになってしまった。その後，企業改革法のもとで，新たに，会計事務所を規制するより強力な監督機関として**公開会社会計監視委員会(Public Company Accounting Oversight Board：PCAOB)**という組織を立ち上げたのである。これはまさしく会計プロフェッション自身による自主規制を重視してきたアメリカ会計社会における重大な方向転換である，といわざるを得ないであろう。さらに，今や，この考え方は，全世界に及んでいるのである。

　翻って，わが国の場合，昭和23(1948)年に証券取引法が制定され，続いて昭和25(1950)年に第193条の2という規定が置かれて証券取引法監査が導入されることとなった。以来，50年を優に超えているにもかかわらず，この間，公認会計士は自らの自助努力によって何らかの自主規制を行ってきたであろうか。残念ながら，つい最近までは，何も行ってこなかったといっても過言

ではないように思われる。

　ところが，ここ数年で，品質管理レビューやCPE研修が実施に移されてきているが，これは，自主規制ないしは自己規制の一環として，わが国の会計プロフェッションが，今まさに，独り立ちをしようとしていることを意味していると解されるのである。

　先述のとおり，世界の動向は，自主規制から公的規制への方向性にあると考えられる。しかし，こうした動向は，そのまま尊重して適用されるべきものではないであろう。監督官庁をはじめとして規制強化の方向が強まるとしても，わが国にあっては，漸く緒についたばかりの自主規制，さらには，会計プロフェッションとしての自覚を育んでいくことが何より重要なことであると思われるのである。

　その第1の取り組みとして，職業倫理教育およびそれを通じての職業倫理観の高揚ということが，重視されなければならないと思われるのである。

第 2 章

財務諸表監査と職業倫理

| コラム | 公共の利益を守る会計プロフェッション |

　国際会計士連盟(IFAC)は，世界の会計士職業を代表して，会計職業専門家がエンロンのような大きな問題を再び発生させないように，会計及び監査サービスの一貫した高い品質を目指す施策を早急に進めます。IFACは，コーポレート・ガバナンスの改善を促進するための対応も行います。そのために，IFACは，企業の監査委員会(オーディット・コミティ)の役割や人的構成並びに監査委員会による株主報告のあり方について検討する，投資家，経営者及び監査人から成る国際的タスクフォースを組成します。

　米国におけるエンロン社の破綻は，財務報告の健全性を確保することにより公共の利益を守るという会計士の努力を支援するため，世界中の会計士団体に，何ができるかを改めて検討する義務を課したといっても過言ではありません。エンロンが破綻した理由がすべて解明されるのに何か月も，場合によっては何年もかかるものと思われます。しかしながら，従業員とその家族のみならず株主や債権者に及ぶ非常に多くの人々の生活に重大な影響を与える，更なる企業破綻を防ぐために，今すぐアクションを取らなければなりません。

　米国では，会計士職業に対する規制及び監査基準設定プロセスのあり方が既に検討されています。さらに，エンロン事件の調査に当たっては，企業のディスクロージャーのあり方，さまざまな証券関連法令の有効性並びに取締役会と監査委員会の責任とアカウンタビリティを検討することが求められます。グローバルな規模での健全な企業会計の仕組みは，最高水準の職業的規範，有効な規制のフレームワーク並びに強力なコーポレート・ガバナンスに支えられた独立した会計士職業に依存しています。

出所：国際会計士連盟『エンロン事件及び公共の利益に対する世界の会計士職業のコミットメント』国際会計士連盟会長　藤沼亜起　2002年2月12日

1　財務諸表監査の基本的枠組み

(1)　財務諸表監査の基本的枠組み

　本書は，会計プロフェッションの職業倫理をテーマとしているが，なかでも問題となるのが，財務諸表監査に関わる会計プロフェッションの職業倫理問題である。先に述べたように，財務諸表監査に関わる会計プロフェッションは，なぜ他人の失敗を自分の失敗と考えなければいけないのか，あるいは，他人の倫理観の欠如を自分の倫理観の欠如と同罪と考えなければいけないのか。この問題を考えるために，財務諸表監査の基本的な枠組みから検討してみることとしよう。

　図表4は，財務諸表監査の基本的枠組みを示したものである。

図表4　財務諸表監査の基本的枠組み

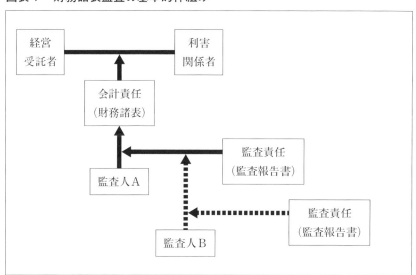

経営受託者(企業の経営者)は，利害関係者(代表は株主)から，経営委託および資金提供を受けて経営を行う。その際の会計責任を明らかにするという観点から，財務諸表が作成されることとなる。経営者は，与えられた職務，役割をどのように果たしたかということを説明するために，財務諸表を通じて，最も信頼性ある情報を発信することが期待されている。

　ところが，経営の当事者である経営者は，情報を自己に都合のいい内容に歪曲してしまう可能性がある。あるいは，担当者のミスや会計知識の不足によって，財務諸表上の情報にエラーを生じてしまう場合がある。そのような財務諸表は，利用者である利害関係者の利益に資するものとならないであろう。ここに監査人が財務諸表監査を依頼される所以がある。監査が行われて，結果としての監査報告書が財務諸表に添付されて，一般に公表されるのである。

　ここで監査人が果たす役割は，経営受託者と利害関係者との間において，独立の第三者として，両者の利害の調整を図ることに他ならない。つまり，経営者が，自ら作成した財務諸表は誠実なものであると強弁しても，利害関係者または社会は納得するものではない。そこで，経営者は，独立の第三者であり，かつ，会計の専門家たる公認会計士による監査を受けて，自らに課せられた責任を解除してもらうのである。換言すれば，経営者は監査人から，自らの誠実性または正当性に対するお墨付きとしての適正意見を受け取ることで，初めて，受託した経営責任を解除されることになるのである。

　このような役割を担う監査人について，万が一，利害関係者または社会が，その資質に対して疑惑・疑念を抱いた場合は，どうなるであろうか。そのような場合には，上記の考え方を援用すれば，監査人が負った監査受託責任とでもいうべきものを解除してもらえばよい，ということになるであろう。すなわち，**図表4**における監査人Aの責任を解除するために，監査人Bに依頼して，監査人Aが行った監査結果の妥当性について調べてもらい，確かにこの監査は問題ないというお墨付きを受け取ればよいのである。さらに，その監査人Bも信用できないとなれば，次の監査人Cに依頼することになる

かもしれない。もし本当にこのようなことが行われるとすれば、循環的・反復的な監査が行われて終わりがないこととなる。ところが、実際には、誰疑うこともなく、たった一度、監査人Aが行う監査によって完結することになるのである。それはなぜであろうか。

　それは、さらなる監査を行うにはコストがかかる、という理由によるものではない。それは、あくまでも、会計プロフェッションによる監査の有する理論的、構造的な理由によるものなのである。つまり、財務諸表監査は、仮に監査人Aが行った監査を、監査人Bが行ったとしても、さらに監査人Cが行ったとしても、結果的に同じ品質、同じレベルの監査結果が必ずや生み出されるであろうという信頼または理解が、社会一般にあることを前提として成立しているのである。逆にいえば、監査人たる者、またはその監査人としての役割を担う公認会計士たる者の資質は、皆同じ水準でなければならないこととなる。

　さらに重要なことには、監査結果である監査意見または監査業務の内容について、利害関係者、すなわち監査意見表明を受ける人々は、無批判的にそれを受け入れざるを得ない点がある。そのために、結局、**社会が信認を与えるのは、監査結果に与えるというのではなくて当の本人である監査人に対してである、ということが重要なのである。**もっと広くいうならば、会計専門職全体に対する信認が与えられているということである。これが公認会計士たる会計プロフェッション（の排他的権限）を社会が認知するということである。かかる会計プロフェッションの一員であれば誰であっても、その人が監査人として監査を行うことによって、財務諸表はお墨付きを得たことになる、と社会の人々が納得する構図になっているのである。

　したがって、監査の失敗があった際に、それは特定の監査人の問題であるとして片付けることは、会計プロフェッションの担う財務諸表監査の特性からして、決して認められないことなのである。

　以上が基本的な財務諸表監査の考え方であるといえよう。

(2) 監査人の条件とその受容

監査人が，実施した監査結果を社会が無批判的に受け入れるのはなぜであろうか。それを考えるに当たって，監査人の条件について考えてみたい。

図表5は，アメリカにおいて1973年に公表され，その後の監査研究にも影響を及ぼしたといわれている『基礎的監査概念報告書(ASOBAC)』に示された内容をもとに，加筆し作成したものである。ここに見られるように，監査人たる者は，大きく分けて，**人的な条件**と**社会的な条件**，さらに最近ではそれらに加えて幾つかの**追加的条件**を満たしている（図表5参照）。

ここで重要なことは，この諸条件を列挙することにあるのではなく，これらの条件を社会の人々が**知覚**できなければならないということにある。知覚できるというのは，見てとれるような状況に置かれなければならないということである。「独立性を備えていなければいけない，専門的能力を持っていなければいけない，誠実性を備えていなければいけない」といった諸条件を社会の人々に知覚してもらう必要がある。

図表5　監査人の条件とその受容

監査人			利害関係者(利用者)の信頼行為			
知覚の対象			制度的基礎	自主規制領域		
監査人の条件	人的条件	独立性 ┌ 組織上の地位	○		知覚	受容
		├ 精神的態度		○		
		├ 調査および報告上の自由	○	○		
		└ 経済的利害関係	○			
		専門能力	○	○		
		誠実性および他の人的特性		○		
	社会的条件	権限	○			
	その他	自浄作用の実績と効果 クライアント等社会の評価 名声と待遇(監査人に対する魅力) 過去の実績(監査，社会への啓蒙)				

かかる諸条件は，一部は法律や規則，あるいは業界のルールなどによって目に見える形で制度的に位置づけることができるであろう。例えば，経済的な利害関係というのは法律条文等で規定すればよい。その一方で，実際に具体的な文章として規定できない部分がある。それがいわゆる会計専門職の自己規制と呼ばれる領域なのである。

　ただし，それも，単に精神的な部分だけに依存するのではなく，どこかで文書化され，規定化されたものによって外部から知覚可能な形にする必要がある。それこそが，倫理規程に他ならないのである。そして，社会の人々が，かかる倫理規程を知覚した結果，それを納得して受け入れる——すなわち，**受容**する——ことによって，初めて，監査人は社会からの全幅の信頼を得て監査業務を行うプロフェッションである，ということができるのである。

　なお，最近ではそれ以外に，例えば，監査の失敗に対して専門家集団内において自浄作用が働いているかどうか，つまり，不正な行いを隠蔽し，庇い合うような環境にないかどうか，といった問題も問われている。

　また，クライアント等社会の評価もある。例えば，エンロン事件以前のアメリカの会計事務所は，儲け主義あるいは利益指向型に走っていた部分があったのではないかと評されている。監査業務よりも，それ以外のコンサルティング業務等の収入に直接結びつくような業務に特化してきた状況が見てとれるのである。このようなコマーシャリズム重視の傾向に対して，批判的な見地から規制を強化したのが，企業改革法であったといえよう。つまり，会計プロフェッションは，儲け第一主義ではなく，いわゆる**プロフェッショナリズム**——つまり，**公共の利益を重視する専門職業意識**——を堅持するべきであるとの社会からの要請が，こうした規制強化をもたらしてきているものと解されるのである。

　さらには，名声と待遇がある。アーサー・アンダーセンの崩壊の過程を振り返れば明らかなように，会計事務所にとって一番の財産は名声・評判（レピュテーション）であることは明らかである。同事務所は，エンロン事件が発覚した際に，不正への関与を疑われ，同時にその後，証拠書類を廃棄した

という対応の不備によって，急速に名声・評判を失っていき，結果，加速度的な顧客離れが生じて廃業に追い込まれてしまったからである。

　アメリカ社会においては，会計事務所に限らず，会計プロフェッションたる公認会計士の職業というのは，社会的に極めて信頼性の高いブランドであると捉えられている。ブランドは，築き上げるのには長い年月がかかるが，失墜させるのは一瞬である。そのような意味で，名声・評判を維持すべく，弛まぬ研鑽を続けることが，プロフェッションにとっての生命線なのである。

2 　自主規制としての職業倫理

(1)　私的統制

　一般に，わが国では，「公認会計士＝監査人」という図式で捉えられているように思われる。公認会計士の称号を有する職業に携わっている人々は，何の躊躇もなく，「われわれは監査人である」と確信している。確かに，証券取引法第193条の2の規定を見れば，公開会社の財務諸表は公認会計士または監査法人による監査証明を受けなければならない，とされており，この条文を見る限り，公認会計士以外は誰も監査はできないことになる。したがって，わが国では，証券取引法において財務諸表監査制度が導入されて以来，「公認会計士＝監査人」ということに何の疑念も差し挟まれることがなかった。しかしながら，これは大きな誤解ないしは過信なのである。

　かつてアメリカにおいて，1929年の大恐慌後に，ルーズベルト大統領のニューディール政策の一環として，証券の民主化および証券市場の育成・保護を図るため，1933年証券法および1934年証券取引所法のいわゆる証券2法が制定された。後者の1934年の証券取引所法の中で，これらの法律の執行，監視をする監督官庁として証券取引委員会(SEC)が創設され，併せて，初めて法定監査制度が設けられることとなった。実は，その際に，財務諸表監査を誰に担わせるべきか，という議論があったのである。

　「SECが直接監査を行うべきだ」などの見解を含めて，さまざまな議論があったものの，当時，アメリカの会計プロフェッションは，すでに50年にわたって監査業務を行ってきており，監査基準や会計原則も自分たちでつくってきていたことから，最終的には，彼らに監査人としての役割を任せるという選択が行われることとなった。しかしながら，その後も，監督官庁であるSECは，何か問題があったときにはいつでもその権限を取り上げるという

一貫した姿勢を保ちながら，アメリカ公認会計士協会(AICPA)に対する監視を行ってきているのである。

実際，その後，監査上いろいろな不祥事件が起きるたびに，証券取引委員会(SEC)が会計プロフェッションに対するさまざまな改善要求を行い，それに対して，アメリカ公認会計士協会(AICPA)が，主に，自主規制によって問題点を解決するという方向での対応が図られてきているのである。このように，アメリカでは，監督官庁と会計プロフェッションの緊張関係の中で，自主規制ひいては会計プロフェッションの提供する業務内容が鍛えられてきたとさえいえるのである。

翻ってわが国では，財務諸表監査制度の制定以来，そのような議論も緊張関係もなかったために，自主規制の努力が行われてこなかったようにも思われる。多くの公認会計士は，誰疑うことなく，監査は自分たちが独占的に行うものだと考えているのではないだろうか。

例えば，昭和49(1974)年に制定された商法特例法の中では，会計監査人監査に関して，二段階構えでの規定を行っている。つまり，商法特例法上の大会社は会計監査人の監査を受けなければならない(法第2条)とし，その後の条項で，会計監査人となりうる者は公認会計士または監査法人である(法第4条)，と規定しているのである。これをそのまま理解するならば，もしも公認会計士の不当行為，違法行為または倫理にもとる行為が続発した場合には，会計監査人たる者に関する条項を改正することによって，公認会計士から会計監査人としての監査業務を剥奪することも可能なのである。

しかしながら，現実問題としてわが国においては，公認会計士に代わって監査業務を担うことのできる集団がいないことは確かであろう。そこで，これまでの制度上の必然として，公認会計士に対して，監査に係る独占的，排他的権限が与えられているのである。

ただし，その場合であっても，公認会計士は，独占的業務が認められる見返りとして，負わなければならない責任・義務を避けることはできないのである。かかる責任・義務を果たしていることを示すのが，健全な私的統制，

すなわち，自主規制の実現である。そして，**図表6**に示したように，自主規制の柱は，職業倫理に存するのである。

なお，最近のように国際化が著しい場合には，倫理というものは高き方向に収斂する傾向にある。すなわち，わが国の会計専門職業人の倫理水準よりもイギリスの会計専門職業人の方の倫理水準が高い場合は，その高い倫理水準に近づけなければ，かかる職業人に対しての信頼性はもとることになる。ましてや，今日のような国際化の中にあっては，わが国だけで議論できる状況にはない以上，国際的に最善とされる倫理規程を十分考慮に入れないわけにはいかないであろう。

なかでも，国際会計士連盟(International Federation of Accountants：IFAC)では，倫理問題に対して非常に時間をかけ，エネルギーを費やして倫理規則を策定している。幸いわが国の場合にも，平成12(2000)年制定の**「倫理規則」**以降，国際会計士連盟(IFAC)の流れを受け入れながら倫理規則の改訂を進めていることから，異なる部分は一部残されているものの，少なくとも規定上は，おおよそ世界の動向を見失ってはいない，といえる状況

図表6　私的統制としての職業倫理

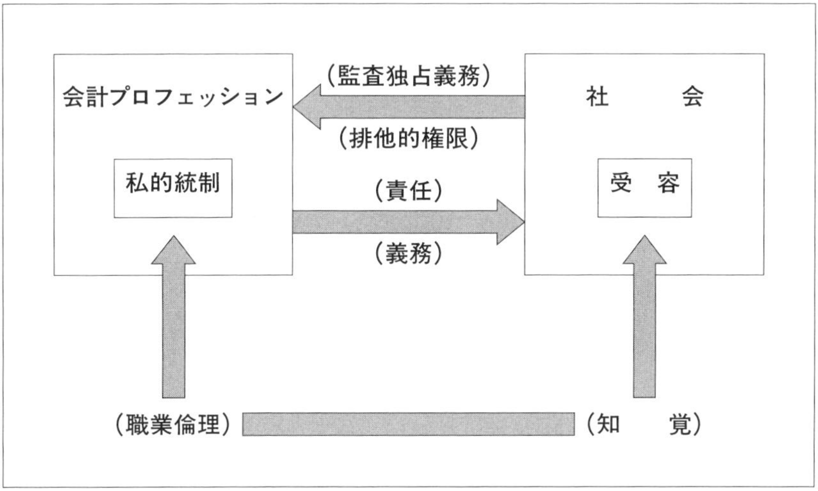

にあるものと思われるのである。

(2) 自主規制の4つの要素

それでは，このような自主規制は，いったいどのように推進されなければならないのであろうか。

プロフェッションと呼ばれる専門職業の特性の1つに自主規制があることは前章で述べたとおりである。プロフェッションは，自分たちの業務の質を自分たちの責任で監視，管理しなければならない。自分たちの業務については，失敗を未然に防止し，もし失敗があった場合には，それを適切に処分する措置が講じられるようなシステムを設ける必要がある。かかる自主規制システムを成立させているのが，**図表7**に挙げた4つの要素の存在である。

1つ目の「会計プロフェッションに加入し，かつ，継続して業務を行う権利を維持するための技能および専門能力に関する基準」というのは，基本的

図表7　会計プロフェッションの自主規制システム(4つの要素)

1．会計プロフェッションに加入し，かつ，継続して業務を行う権利を維持するための技能および専門能力に関する基準
2．業務上の目標として，また，逸脱した業務を判定するための規範として役に立つ技術的基準および倫理基準
3．技術的基準および倫理基準の遵守を監視し，かつ，その遵守を促すための業務の品質管理に関する方針および手続
4．確立された規範(法律，証券取引委員会の規則もしくは会計プロフェッションによって設定された基準)から逸脱した業務あるいは行動に対して制裁を科すための有効な懲戒処分制度

(出典：鳥羽至英訳『コーエン委員会報告書―財務諸表監査の基本的枠組み』白桃書房　1990年，272-273頁)

には，監査基準および監査に関する実務指針であると理解してよいであろう。わが国の場合，監査基準は企業会計審議会が設定しているものの，実務指針については，現在，大幅に日本公認会計士協会に委ねられている。そのような点からすると，実質的な意味で，わが国の会計プロフェッションにあっては，この要素を備えているといえるであろう。

2つ目の「業務上の目標として，また，逸脱した業務を判定するための規範として役に立つ技術的基準および倫理基準」というのは，わが国の日本公認会計士協会の倫理規則，さらには，各関連諸法規でいうところのいわゆる利害関係に関する規定が盛られている条項と考えてよいであろう。

3つ目の「技術的基準および倫理基準の遵守を監視し，かつ，その遵守を促すための業務の品質管理に関する方針および手続」については，近年わが国でも，品質管理レビューが開始され，さらに，品質管理審議会という監視機関が設置され，これに該当するものが備わってきたと考えられるところである。

4つ目の「確立された規範(法律，証券取引委員会の規則もしくは会計プロフェッションによって設定された基準)から逸脱した業務あるいは行動に対して制裁を科すための有効な懲戒処分制度」についても，例えば，1つの事例として，平成14(2002)年10月15日付で，フットワークエクスプレス社における中小監査法人の監査に係る処分が行われ，個人の会計士2名が登録抹消，監査法人が業務停止1年という，これまでにない非常に厳しい制裁が加えられている(**図表21**を参照。68頁)。

よく考えてみれば，監査法人が1年間業務を行えないということは，もはや業務の継続ができないということに他ならない。これは大変な問題である。事務所の構成員のほんの一部の分子によってなされた違法・不当行為によって，その法人に属しているすべての人々が，その後の移籍はともかくとして，一夜のうちにこれまでの職場を失ってしまう。これは，アーサー・アンダーセン会計事務所の崩壊例から比べれば小さい事例ではあるが，非常に似たケースであり，「ミニ・アンダーセン・ショック」とも称すべき事案であった

といえるであろう。

　自主規制とはいっても，現在，このように厳しい状況に置かれているのだということを，会計プロフェッションに属するすべての構成員は，身をもって理解しておかなければならないであろう。

(3)　監査基準と職業倫理規程

　上記のうち，自主規制の主たる支えとなっているのは，**監査基準**と**職業倫理規程**の2つである。ここで，この両基準について具体的に検討してみることとしよう。

　まず，この両基準には共通点がある。すなわち，監査基準と職業倫理規程は，ともに会計プロフェッションの職業上の基準，すなわち行動規範として，社会的，経済的ないしは法規制面での環境の変化に対応して，定期的に見直しが必要とされる実践上の指針であるという点である。したがって，両者とも，不断の見直しおよび改訂が欠かせないのである。

　例えば，平成14(2002)年1月に，わが国の監査基準は，ほぼ10年ぶりに改訂されたが，それ以前の改訂を含めても，制定以来数度しか改訂が行われてきていない。これでは到底，定期的な見直しと呼べるレベルにはないように思われる。

　今回の監査基準では，監査の枠組みだけを監査基準で示して，個別・具体的な指針については，日本公認会計士協会の実務指針に委ねるという方針が徹底されることとなった。結果として，日本公認会計士協会に課せられた任務は非常に大きいものの，逆に定期的，継続的な見直しをするというスタンスから考えるならば，即時的な対応が図れるということで，望ましい状況が与えられたのではないか，とさえ思われるのである。このことは，倫理規程についても，全く同様であり，今後は，環境の変化に応じて，適宜，見直しが図られる必要があるであろう。

　わが国は法的安定性を重視する制定法の国であるため，ひとたび，非常に良い法律等が作られたときには，長年それを維持しようという考え方が根深

くあるように思われる。つまり，制定法の国では，"ザ・ベスト"なものをつくり，それを長年にわたって利用に供しようという考え方がとられる。ところが，英語圏社会あるいはアングロ・サクソン系の国は，制定法ではなく判例の積み重ねの中で議論をしようとする，いわゆるコモンローの国であるため，"より良いもの，ベターなもの"を求めて，躊躇なく変えていこうとするのである。

ザ・ベストを求める考え方は，少なくとも，経済社会に関するルールにおいては，あまり適していない。経済社会では，激しい変革の中において常に見直しが要求されるからである。他方，英語圏社会はベターを求めて，非常に変革，見直しのスピードが速い。わが国においても，今後，会計および監査に関する基準やルールについては，そういった定期的な見直しを心がける必要があるであろう。

他方，監査基準と職業倫理規程の関係であるが，監査基準は，監査業務遂行における技術的基準ないしは監査人の役割明確化の基準として機能するのに対し，職業倫理規程は，監査業務だけでなく会計プロフェッション全般に係る専門業務上の行動を倫理面で規制する自主規範であり，その違反に対しては具体的な制裁を伴う点で，監査基準を実効あるものとする会計プロフェッションの権威の源泉としての関係を有しているといえよう。

すなわち，監査人の役割を示す監査基準自体には制裁措置が入っているわけではないため，監査基準を遵守しない者については，倫理規程のもとで具体的な制裁を科すのであり，その意味で，両者は，自主規制システムにおいて車の両輪のような関係にあるのである。

この点は，残念ながら，わが国においては，明確に理解されていないように思われる。

アメリカの倫理規則である，アメリカ公認会計士協会（AICPA）の職業行為規程の202条には，監査基準の遵守を強制する規定が含まれている。それに対して，わが国の場合，監査基準の遵守を強制する規定は，日本公認会計士協会の倫理規則には盛られていないのである。

ところが，その一方で，監査基準委員会等の実務指針に関しては，これらの委員会が公表した基準を守らなければ，日本公認会計士協会の会則違反になるという形で強制力を有しているのである。すなわち，監査基準自体には遵守規定が盛られてはいないものの，末節的な部分あるいは具体的詳細なルールの方には遵守規定が置かれているのである。これは，本末転倒ではないだろうか。
　監査証明府令において，監査基準に準拠したかどうかを監査報告書に記載する規定があるとしても，それは，自主規制，すなわち，会計プロフェッションが自ら社会に対して襟を正す姿勢とは異なるものである。このような状況を見るに，わが国の会計プロフェッションが未だに独り立ちできていないことの証左でもある，といえるかもしれない。
　少なくとも，海外からは，明確に文書化ないし規定化されたものをもって，わが国の会計プロフェッションの状況が理解されることになることから，自分たちは，こういう背景で，こういうルールで，こういうスタンスでやっているのだということを説明するためにも，わが国における自主規制のあり方を示すものとして，職業倫理規程のさらなる整備が必要であると思われるのである。

3　日本公認会計士協会「倫理規則（紀律規則）」制定の経緯

　ここで，日本公認会計士協会の自主規制の要となる倫理規則について，簡単に整理しておくこととする。

　わが国の公認会計士制度は，すでに50年以上に及ぶ歴史がある。まず，昭和25（1950）年に日本公認会計士協会というものが任意団体として発足した。その際に，定款外規則第1号として制定されたのが**「紀律規則」**なのである。

　その後，日本公認会計士協会は，社団法人となったものの，昭和41（1966）年の公認会計士法の大改正によって，監査法人制度の創設の認可とともに，日本公認会計士協会も公認会計士法第6章の2の規定によって，特殊法人とされることとなった。正式に公認会計士法において認知されるのはよいとしても，その結果，すべての活動が公認会計士法に縛られる組織体になってしまったという負の側面もあったのである。以後，日本公認会計士協会の活動内容は，すべて監督官庁（金融庁，旧大蔵省）の許認可を経なければならないこととなり，ある意味では，自主規制の必要性を認識し損ねてしまったという経緯もあるように思われる。

　紀律規則については，若干の見直しを経て，昭和60（1985）年に大幅な見直しが行われている。さらに，平成12（2000）年7月6日に，前述したような国際的なルールである国際会計士連盟（IFAC）の倫理規程をも射程に入れた，汎用性のある規則を標榜して，**倫理規則**の大改正が行われたのである（**図表8**参照。なお，倫理規則については，巻末の**資料1**参照）。

　倫理規則を見ると，まず，前文において，社会に対する責任を認識し，その負託に応えるため，自らの業務上の行為を律する厳格な職業倫理に則って行動しなければならないという規定が置かれている。

　続いて，第1章が総則，第2章がすべての会員を対象とする規則，そして，

第3章が,別途,監査業務を行う会員を対象とする規制という構成となっている。ここで問題なのは,監査業務を行う会員に対する規制という部分である。なぜ,わざわざこのような別立ての規定を置く必要があるのであろうか。

わが国の場合,先に述べたように,公認会計士制度が始まったときから「公認会計士＝監査人」として制度が担われてきたために,特に外部監査の場合,監査人とは,イコール公認会計士のことである,と理解されている場合が多い。

それに対して,アメリカをはじめ諸外国では,監査というのは単なる職能,役割であって,その監査という役割を担った人のことを監査人と呼ぶに過ぎない。論理的に考えるならば,公認会計士という会計専門職に対して追加的な若干の規制,すなわち誠実性,特に独立性という規制条件を付加することによって,監査人としての条件を整えて役割を担わせているに過ぎないので

図表8　日本公認会計士協会「倫理規則(紀律規則)」制定の経緯

年月日	事　項
昭和25(1950)年9月25日	(任意団体)定款外規則第1号として「紀律規則」を制定
昭和28(1953)年4月1日	(社団法人)創立総会にて「紀律規則」を制定
昭和41(1966)年12月1日	(特殊法人)設立総会にて「紀律規則」を制定
昭和43(1968)年6月21日	「紀律規則」の一部変更
昭和50(1975)年6月26日	「紀律規則」の一部変更
昭和60(1985)年7月4日	「紀律規則」の大幅変更
平成8(1996)年7月4日	「紀律規則」の一部変更
平成12(2000)年7月6日	「倫理規則」として大改正
平成13(2001)年11月5日	(理事会審議)「倫理規則」の独立性(第14条)の解説
平成16(2004)年1月16日	「独立性に関する法改正対応解釈指針」の公表

ある。

　現在，国際会計士連盟(IFAC)に所属している約110カ国，160の会計専門職業団体は，その傘下に250万人を超える会計士を抱えている。その250万人を超える公認会計士のうち，全世界で見る限り65％から70％は，企業内会計士として生計を立てている。すなわち，会計事務所で会計業務，とりわけ監査業務に従事しているのは，多くても全体の30％程度ということになる。わが国のように，ほとんどすべての公認会計士が，会計事務所ないし監査法人等に身を置きながら監査業務に携わっているというのは，国際的には特殊な環境にあるのだということを指摘しておきたい。

　したがって，厳密には，公認会計士としての職業倫理の問題と，さらに限定的な監査人としての職業倫理の問題とは，峻別される必要がある。実際には，監査業務を担っている者であっても，常に監査業務だけに従事しているわけではないことから，厳密な区別は困難であるが，いずれにせよ，わが国の倫理規則も国際会計士連盟(IFAC)の倫理規程に準じて，倫理規則での規定内容を区別することとなっているのである。

　かかる倫理規則の枠組みによれば，まず，監査業務に携わっていない人々であっても遵守すべき職業倫理というものがあり，その上で，監査人たる公認会計士については，さらに遵守すべき規定が置かれているのである。とりわけ監査人には独立性が強く求められることから，特にその点だけを抜き出して解説されたのが，平成13(2001)年11月に公表された「倫理規則の独立性(第14条)の解説」(122頁)であると解することができるであろう。

第3章

職業倫理に関する意識調査

| コラム | 医師の倫理 |

　医学および医療は，病める人の治療はもとより，人びとの健康の維持もしくは増進を図るもので，医師は責任の重大性を認識し，人類愛を基にすべての人に奉仕するものである。

1．医師は生涯学習の精神を保ち，つねに医学の知識と技術の習得に努めるとともに，その進歩・発展に尽くす。

2．医師はこの職業の尊厳と責任を自覚し，教養を深め，人格を高めるように心掛ける。

3．医師は医療を受ける人びとの人格を尊重し，やさしい心で接するとともに，医療内容についてよく説明し，信頼を得るように努める。

4．医師は互いに尊敬し，医療関係者と協力して医療に尽くす。

5．医師は医療の公共性を重んじ，医療を通じて社会の発展に尽くすとともに，法規範の遵守および法秩序の形成に努める。

6．医師は医業にあたって営利を目的としない。

出所：日本医師会・会員の倫理向上に関する検討委員会『医の倫理綱領』平成12年2月

第3章　職業倫理に関する意識調査

(1)　職業倫理に関する意識調査

　現在，会計プロフェッションを取り巻く環境において，職業倫理の高揚が喫緊の課題となっているということは，国際社会での共通の認識となっている。しかしながら，会計士自身が考える自ら具備する倫理観の高さと，社会一般が会計士に対して抱く倫理観の高さは，同じなのであろうか。会計・監査先進国と称されるアメリカにあっては，会計士予備軍ともされる大学生に対するアンケートによって，会計士の倫理観の高さが高く評価されてきているといわれている。翻ってわが国の場合，大学生（および大学院生）は，会計士等を含むさまざまな職業人の倫理観に対してどのような評価を行っているのであろうか。

　本章では，平成15（2003）年1月，わが国ではおそらく初めての試みであると思われる実態調査が，NPO法人国際会計教育協会※の協力を得て実施された。以下では，昨今の「会計不信」一掃に対する会計プロフェッションの役割と認知度，および会計士の有する倫理観に対する大学生から見た評価を検証することを目途として実施した**「会計士等の職業倫理に対する大学生の意識調査」**（以下，本調査）の調査結果を分析していくこととする。

　なお，本調査では，全国25大学，29名の会計関連科目担当教員の協力を得て，各大学における学年末試験直前の授業時間内において，無記名アンケート形式で行われ，総数1,521名からの回答を得ている（なお，本調査のアンケート用紙については，巻末の**付録4**に掲載してある）。

※NPO法人　国際会計教育協会（会長　関　正弘）
　〒102-0073　東京都千代田区九段北1-9-14　九段・斉藤ビル3F
　TEL：03-5214-3507　　FAX：03-5214-3508　　URL：http://www.jiiae.org

(2) アンケート調査の対象学年・専攻

まずアンケート調査の対象であるが，会計担当の教員を中心に依頼をしたことから，学部の3年次，4年次生が多かったと考えられる。そして系列も，会計系列の科目がある学科または学部ということで，商学，経営学系が大体その8割を超える結果となっている（**図表9**）。

図表9　アンケート調査の対象学年・専攻

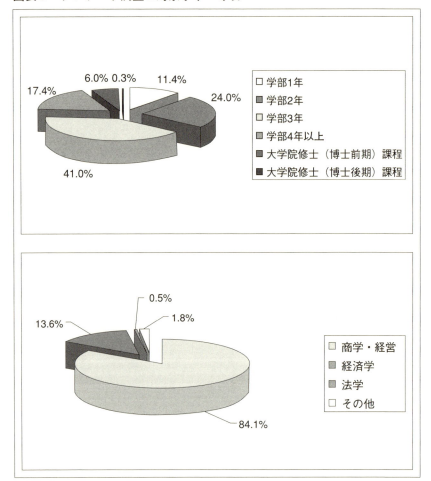

(3) アンケート調査の対象授業

次に，アンケート調査の対象授業に関しては，会計学原理または総論，簿記論，あるいは財務会計，管理会計，さらには監査論の科目を履修した者，つまり会計系列の科目を履修している者が非常に多い結果となっている（**図表10**）。したがって，本調査は，一般の大学生に対する調査というよりも，一定の会計に対する知識を持った学生，または，わが国における会計知識層予備軍たる学生に対するアンケート調査であると解することができよう。

図表10　アンケート調査の対象授業

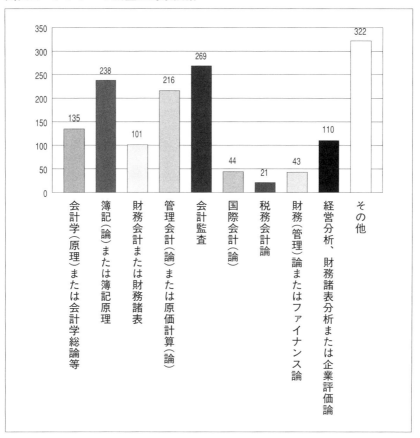

(4) 高い倫理観が求められる職業

職業倫理に関する具体的な質問に入って，まず，**図表11**は，高い倫理観が求められているのはどの職業であるかにつき，第1位，第2位，第3位と順位付けしてもらったものの集計結果である。「最も高い倫理観を備えていてほしい，あるいは備えているべきだ」という回答を見ていくと，弁護士を中心とした法曹，医者，政治家，国家公務員(官僚)の順となっている。

そして，公認会計士に関しては，この職業グループの中では第5位ということで，これは予想していたより，少々低い順位との印象を受ける結果であった。

図表11　高い倫理観が求められる職業

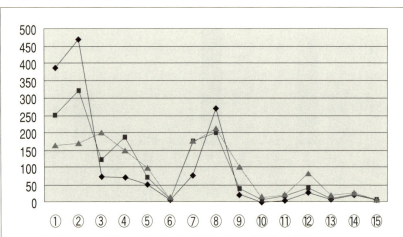

①医者　②法曹(弁護士・裁判官・検察官)　③公認会計士　④国家公務員(官僚)　⑤教員　⑥消防官　⑦警察官　⑧政治家　⑨マスコミ関係者　⑩農林水産業従事者　⑪食品事業者　⑫会社経営者　⑬パイロット・電車・タクシーの運転手等　⑭学者　⑮その他

（5） 実際に高い倫理観を保持していると考えられる職業

次に，それぞれの職業が「実際にどの程度高い倫理観を保持していると考えるか」という問いかけを行った結果が**図表12**である。ここでも，前問と同様に順位づけを求めている。結果を見ると，実際に高い倫理観を保持していると考えるのは，圧倒的に法曹界の職業である。次いで医者となっている。

なお，消防士が第3位に位置づけられているが，これは，質問の前に回答者に対して，倫理や職業倫理という言葉の定義を一切していないことが影響しているように思われる。あるいは，回答を寄せた学生の念頭に，時期的に，2001年9月11日のアメリカでのテロ事件に際しての消防士の勇気ある行動等があったためではないか，とも思われる。

一方，公認会計士に関しては，一応第4位に位置づけられているが，法曹資格者と比べたときに，その回答率はかなり低いといわざるを得ない。

図表12 実際に高い倫理観を保持していると考えられる職業

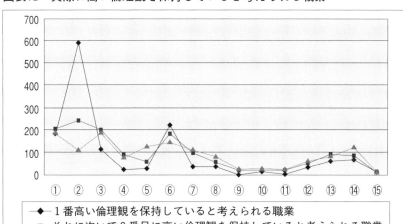

(6) 倫理観に関する職業への「期待のギャップ」

前2問の回答のギャップを検討してみると，**図表13**のようになる。ここでは，第1位，第2位，第3位すべての順位累計を見ているが，基本的に問題になるのはギャップが存在するところである。高い倫理観を持っていなければいけないと思いながら持っていない，あるいは，あまり期待はしていないが非常に高い倫理観があるような場合が該当する。このように考えると，この2本の系列の線の上下が開いているところがギャップということになる。

例えば，悪い意味でのギャップの例として，6番目の政治家は高い倫理観を持っているべきだとしながら，ほとんど持っていないという低い評価になっている。一方，逆のギャップは，先に述べたように6番目の消防官，消防士である。これについては，あまり期待はしていないが，非常に高い倫理観を持っている場合の結果となっている。

図表13　倫理観に関する職業への「期待のギャップ」

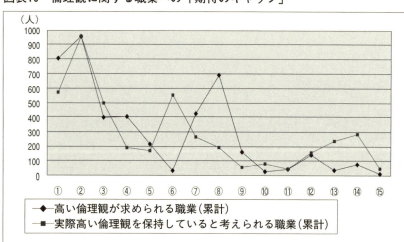

なお，法曹に関しての学生の見方は，高い倫理観を備えているべきであると期待をしながら，かつ，備えていると考えているようである。

一方，公認会計士については，比較的，期待される倫理観と，実際の倫理観との差がないように思われる。

ここまでの本調査の結果から見て，学生は，「倫理観」というものに対して，正義感，勇気，潔癖性，誠実性，正直さ，さらには奉仕精神といった，さまざまな意味を付与しているように思われる。このことは，会計士の場合にあっても，「職業倫理の高揚」を目指すとき，何をもって倫理と考え，それが会計職業とどのような関わりを有しているのか等々について，真摯に検討することが望まれることを意味するであろう。そうした考察を踏まえずに，単に，倫理教育の充実といっても，それは必ずしも社会からの評価につながらない可能性もある，ということである。

(7) 公認会計士に高い倫理観が求められるのは，どの場合か

　次に，もう少し具体的に，会計士に倫理観が求められているのはどのような場合であるか，若干，各論に立ち入った質問をしている。その結果，ある意味では予想どおり，監査に従事している場合に倫理観が求められていると考えるものが半数を超えている。さらに，すべての業務において倫理観は求められるのだという回答を足すと，9割を優に超えている(**図表14**)。質問対象としている学生は，会計に精通とまではいかなくとも，ある程度知識を有している学生であることから，大きく誤った理解ではないと考えなければならないであろう。

図表14　公認会計士に高い倫理観が求められるのは，どの場合か

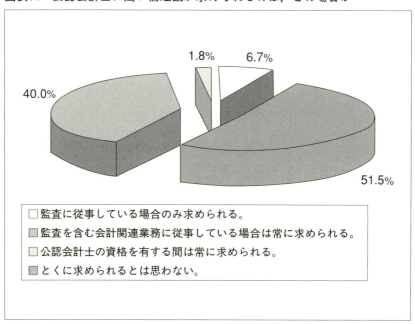

(8) 企業破綻に関連した不正な財務報告の原因は誰にあるか

最近では，企業の破綻が生じたとき，あるいは不正事件が露呈したときに，マスコミなどを中心に必ず出てくるのが，その責任はいったい誰にあるのか，という問いかけである。この点に関連して，企業破綻に関連した不正な財務報告の原因は誰にあるのか，という質問を用意してみた。

会計監査を熟知している者から見るならば，二重責任の原則があるため，その財務諸表または財務報告に不正が介在していた場合には，当然ながら，その作成責任者である経営者の責任が第一義的に問われなければならない，と考えるであろう。実際，学生もそのように考えたようで，ほぼ半数が二重責任の原則については理解していることが見受けられる。

しかし，2番目にそうした不正財務報告の原因として，監査人である公認会計士が21％，そして内部監査人10.3％，監査役9.5％となっており，約40％強の学生が監査担当者に責任があるという理解をしているのである。公認会計士だけを取り上げるならば，5人に1人の学生が会計士に責任があるという理解をしているという結果となっている（**図表15**）。

かかる理解は誤っていると断じることは容易であるが，逆にいえば，これこそが実際の社会の目，学生の目なのである。やはりこれは重大な問題といわざるを得ないであろう。

図表15　企業破綻に関連した不正な財務報告の原因は誰にあるか

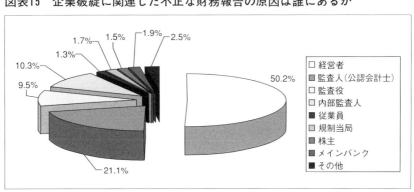

(9) 不正な財務報告に関して監査人の倫理観に問題があった場合の最大の原因

アンケートでは、このような不正な財務報告があったときに、監査人の倫理観に何か問題があった可能性があるかどうか、について、さらに立ち入った質問をしている。

その結果、上位から、①被監査企業(またはその経営者)との間に、何か特別な関係があった(はずだ)というもの(35.4%)に次いで、③社会全体として、倫理観が低下してきていること(19.7%)、②監査人が監査報酬を被監査企業から受け取っていること(18.9%)、そして、④個々の監査人の問題として、倫理観が欠如していた(14.4%)という原因を挙げている(図表16)。このうち、①と②の問題は、監査人の独立性をめぐる根源的な問題でもあり、かかる側面での疑念を払拭できる体制ないし環境を整備することが、何にもまして重要であると思われる。

図表16 不正な財務報告に関して監査人の倫理観に問題があった場合の最大の原因

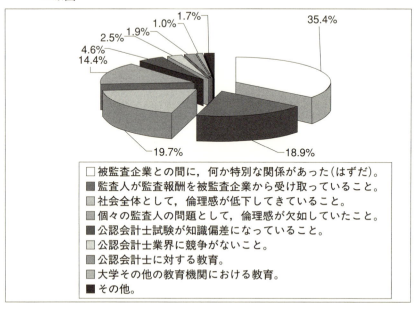

（10） まとめ

　以上，本調査結果の大要について検証を行ってきたが，今回の調査には，幾つかの点で制約もあった。まず第1に，調査対象者が大学生（および大学院生）であったことで，必ずしも社会一般の評価を示してはいないということである。第2に，その学生にあっても，会計関連科目の受講生であることから，会計および監査に対しては，何がしかの先入観を持っていたことも予想されるということである。第3に，そもそものアンケートの趣旨が「会計士等の職業倫理」に関する調査ということから，予め，調査結果として知りたいと思われる調査実施側の意図がある程度予測可能であったということである。このように，一部バイアスが介入した結果かもしれないが，少なくとも，こうした意識調査がなされたのは，わが国では初めてのことであり，今後も，継続して行っていくことが，真に社会の信頼に応えていくための礎を築くものと思われる。

　なお，日本公認会計士協会が問いかけをした場合には，当事者であるということから，やはりまたバイアスがかかってしまう可能性があることから，独立の第三者たる，教育機関や研究機関等が，継続的にこのような調査を実施する必要があると考えられる。

　最後に，本調査結果全体を概観すると，職業倫理という問題は少々難しい問題であると同時に，わが国の場合には，学生の間に，欧米，とりわけアメリカの学生の間における理解とは，若干異なった評価があるのではないかという印象を受ける。

　わが国においては，会計士および監査を中核とした公認会計士業務についての理解ないし認知度は，いまだ道半ばという感を免れない。それは，求められる倫理観の高さについても，3大プロフェッションと称される弁護士および医師に比べて低いものがあり，また，会計不正の問題を取り上げても，経営者と並んで，会計士の責任を強く求めていることは，会計士および会計士業に対して，十分な説明ないし啓蒙がなされてきていないということの証左であるものと思われるからである。

しかし，本調査結果で学生が下した会計士に対する評価の厳しさは，半面において，会計士に対する強い期待の表れと読み取ることも可能であろう。いずれにしても，健全な企業社会における番人として，公認会計士に対して寄せられている昨今の期待の大きさに対して，これに十分応えうるだけの基盤整備を行うことが，わが国会計プロフェッションに課せられた最大の課題であるように思われるのである。

第4章

制度としての職業倫理

コラム　弁護士の倫理

　弁護士は，基本的人権の擁護と社会正義の実現を使命とする。その使命達成のために，弁護士には職務の自由と独立が要請され，高度の自治が保障されている。

　弁護士は，その使命にふさわしい倫理を自覚し，自らの行動を規律する社会的責任を負う。

　よって，ここに弁護士の職務に関する倫理を宣明する。

第一章　倫理綱領

（使命の自覚）
第一条　弁護士は，その使命が基本的人権の擁護と社会正義の実現にあることを自覚し，その使命の達成に努める。

（自由と独立）
第二条　弁護士は，職務の自由と独立を重んじる。

（司法独立の擁護）
第三条　弁護士は，司法の独立を擁護し，司法制度の健全な発展に寄与するように努める。

（信義誠実）
第四条　弁護士は，信義に従い，誠実かつ公正に職務を行う。

（信用の維持）
第五条　弁護士は，名誉を重んじ，信用を維持するとともに，常に品位を高め教養を深めるように努める。

（法令等の精通）
第六条　弁護士は，法令及び法律事務に精通しなければならない。

（真実の発見）
第七条　弁護士は，勝敗にとらわれて真実の発見をゆるがせにしてはならない。

（廉潔の保持）
第八条　弁護士は，廉潔を保持するように努める。

（刑事弁護の心構え）
第九条　弁護士は，被疑者及び被告人の正当な利益と権利を擁護するため，常に最善の弁護活動に努める。

出所：日本弁護士連合会『弁護士倫理』平成6年11月22日改正（平成2年3月2日臨時総会決議）

第 4 章　制度としての職業倫理

1　職業倫理の３つの側面

　第 2 章では，自主規制と職業倫理の関係について論じてきたが，本章では，**「制度としての職業倫理」**をめぐる近時の動向を取り上げることとする。
　職業倫理の問題には，さまざまなアプローチが可能であるが，本書では 3 つの側面で捉えて論じていくこととする。まず，第 1 に，第 1 章で論じたような倫理学，哲学に基づく**「理論としての職業倫理」**としての側面がある。すなわち，会計プロフェッションのあり方や行為について，どうあるべきかを倫理に関連する学問的な知見を利用して理論的に考えるというアプローチである。かかるアプローチは，倫理に係る基準，規程またはルールを策定する際の理論的基礎を形成するとともに，倫理に係る教育・研修等に当たって，個別・具体的な知識の習得に必要不可欠な基本的枠組みまたは基礎的素養として履修が要請されることとなるであろう。
　第 2 の局面としては，本章で取り上げる**「制度としての職業倫理」**がある。これは，倫理における代表的な側面としての職業倫理を基盤として成立しているものであり，基本的に文書化された倫理規則や倫理基準，さらには，諸法令，関係法規等での取扱いについて検討することである。かかる諸規定は，規制の網によって，専門職業人の倫理観を一定の水準に維持することを目途としている。
　例えば，持ち株規制の問題がある。被監査会社の株式を持つのは好ましいことではない，ということは誰でもわかっているが，実際には，必ずしも十分把握しているわけではない。つまり，株式保有が禁止されるのは親族のどこまでの範囲なのか，配偶者の場合には利害関係者に当たるのか等々，わかっているようでわかっていない場合もある。さらに，かかる規制は，世界的な潮流として，時代を経るに従って厳しくなる傾向にあるため，はるか以前

の規則に対する理解では対応できるものではない。したがって、そのような点についても、ある程度整理をして、折に触れ吟味・検証しなければならないであろう。

実際、1999年に、大会計事務所の一角をなすプライス・ウォーターハウス会計事務所とクーパース・アンド・ライブランド会計事務所が合併してプライスウォーターハウスクーパース会計事務所が結成された際に、証券取引委員会(SEC)が調査をしたところ、同会計事務所のパートナー70人が経済的利害関係に抵触することが判明したという事例がある。それは、例えばクーパース・アンド・ライブランド会計事務所の被監査会社の株をプライス・ウォーターハウス会計事務所のパートナーが持っていたところ、合併によって利害関係に抵触することになったものの、あまりに両者の合併の規模が大きく、かつ、構成員が多数であったため、個々のパートナーの経済的利害関係の状況についてまで気づかなかった、ということなのである。当該事例は、

図表17 職業倫理における「理論」「制度」「実践」の関係

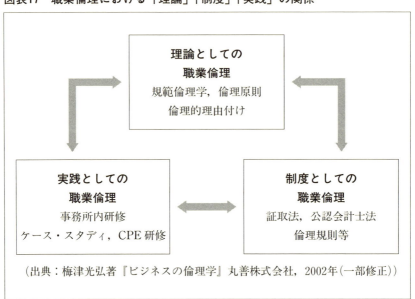

まさに SEC 規則における独立性違反に他ならないため，処分の必要があったのであるが，証券取引委員会(SEC)は，それらの会計士を個々に処分するのではなく，プライスウォーターハウスクーパース会計事務所に対して，250万ドルの資金を出して事務所内に教育啓蒙基金を作り，倫理教育を行うべきことを要求する命令を出す，という措置を講じたのである。

　実務上，このような問題は，決して特異な事例というわけではなく，事態の大小は別に，日々，同様の問題が発生していると考えられる。会計プロフェッションが監査人たる資格を有するかどうかを確認するために，制度としての職業倫理も，常に留意する必要がある問題であろう。

　さらに第3の局面として，**「実践としての職業倫理」**がある。**「理論としての職業倫理」**および**「制度としての職業倫理」**を，日々の業務の中に実践していくということである。職業倫理は，決して机上の空論や法文上の問題ではなく，実務の現場で繰り返し実践によって鍛えていくことによって身に付くものであるし，同時に，社会の認知度も高まるのではないかと考えられる。かかるアプローチには，事務所内研修等でも一部実施されている，いわゆるケース・スタディやロール・プレイング等もここに含まれるであろう。この問題については，第6章において改めて論じることとする。

　以上の3つの職業倫理の局面をまとめたのが，**図表17**である。

2 自主規制の見直しの動き

(1) 企業改革法の成立

　わが国の会計プロフェッションにあっては，近年進めてきた自主規制システムの充実・強化のさらなる推進を図っている途上にあるが，一方，海外に目を転じてみれば，現在，会計プロフェッションの自主規制は大きな見直しの渦中にあると捉えられる。

　その転換点となったのが，アメリカにおいて2002年7月30日に制定された企業改革法である。2001年末のエンロン事件発生後，アメリカでは，会計不信が社会問題化し，それまで世界で最も信頼性の高いといわれた資本市場が存亡の危機に立たされることになったことは，いまだ記憶に新しいところである。直接金融で成り立っているアメリカ経済の根幹たる資本市場の信頼回復を図る目的のもと，アメリカが下した1つの結論は，企業改革法という包括的かつ抜本的な法規制の導入であったのである。

　なかでも，公認会計士または監査人にとって最も大きな影響を及ぼすこととなったのは，同法によって，会計事務所および監査人を規制する監督機関として，従来から存在する証券取引委員会(SEC)のもとに，非政府組織ながらも極めて準公共的な色彩の強い新たな監視機関である，**公開会社会計監視委員会(PCAOB)** が創設されたことであろう。

　驚くべきことに，PCAOBには，会計士または監査人の行動に関わる監査基準，品質管理基準および倫理基準の設定権限がすべて委ねられているのである。さらに，これらの基準に抵触した場合の懲戒の問題についても，最終的な権限をPCAOBが有することとなっている。かかる法規の制定によって，従来のアメリカの会計プロフェッションの主導による自主規制は実質的に終焉を迎え，新たに，いわゆる規制強化，公的監視の段階に入った，とい

う理解を示すことができるであろう(なお,**付録3**の「エンロン後のアメリカにおける制度改革等の略年表」を参照のこと)。

思うに,わが国で自主規制システムが整備され,定着し始めたこの時期に,アメリカではそれとは全く反対の方向が打ち出されたことになるのである。したがって,こうした動向をどのように捉えたらよいのであろうか。

(2) アメリカにおける自主規制の種類

これまでにアメリカで行われてきた会計プロフェッションによる自主規制が,いったいどのような種類のものからなるのかについて見てみると,実は,基本的に,**図表18**に示したような4つの領域で自主規制が行われてきたと捉えることができる。

まず1つ目が監査基準,品質管理基準および職業倫理規程等を含むいわゆる職業行為基準の設定により,自らの行動規範は自らの手で設定するという,アメリカの会計プロフェッションが生成当初から堅持してきた立場に関わる問題である。

続く2つ目の監視は,1つ目の職業行為基準に準拠してしかるべく業務が行われているかどうかを,自らが監視するということである。会計事務所が互いに互いの監査業務の内容を審査するピア・レビューと,その実施状況等

図表18 アメリカの会計プロフェッションによる自主規制の種類

---

1) 監査基準,品質管理基準および職業倫理規程等を含む職業行為基準の設定
2) ピア・レビューと公共監視審査会(POB)による監査実務の監視
3) 会計事務所および個人会計士の登録と懲戒処分
4) 職業資格試験および継続的専門教育(CPE)の実施

を監視するためのアメリカ公認会計士協会(AICPA)の外郭機関である公共監視審査会(POB)からなるシステムである。かかるシステムは，1977年以来，四半世紀にわたって行われてきたのであるが，エンロン事件以後の対応をめぐって，証券取引委員会(SEC)による批判的な対応に抗議する形で，この POB は2002年3月末をもって自主的に解散してしまったのである。見方を換えれば，法的規制化が強まる中で，ある意味で，自主規制による改革を自ら放棄したとも解することができるであろう。

3つ目の自主規制の領域としては，会計事務所および個々の会計士に対する登録権限を持ち，逸脱した行為があった場合には，自らの自浄作用として懲戒処分を行うという仕組みのことである。

そして4つ目の職業資格試験および CPE 等の教育研修を適宜行っていくという役割も，自主規制の一環として捉えられている。

アメリカの自主規制は，以上の4つの領域にわたって実施されてきたのであるが，企業改革法制定以後の環境においては，これらのうち，4番目の教育に関する部分，すなわち資格試験と CPE を除いたほとんどすべての権限が，前述の PCAOB に委ねられる結果となったのである。

(3) アメリカにおける自主規制システムの是正

ところで，会計プロフェッションに対する規制が，公的規制ではなく，自主規制によって行われるのはなぜであろうか。それは，公的規制，すなわち，法律や規則による規制は，改正に時間がかかり，機動的・弾力的な対応ができないことが指摘されている。また，法律や規則によるよりもさらに高度な水準の規制を自らに課すことで，プロフェッションとして社会からの信頼を獲得しようとすることにある点も重要であろう。

したがって，従来，自主規制に委ねられてきた問題が，今般，PCAOBの権限に委譲されたことは，自主規制そのものに期待されていた機能が有効に働いていないことから，敢えて公的規制を導入せざるを得なかった，ということに他ならないのである。

第4章　制度としての職業倫理

　実際，アメリカの場合，一見，突然のように規制強化の流れが導入されたように受け取られるものの，実は，自主規制システムに関して，すでに長い期間にわたって見直しが必要とされてきた領域があったのである。

　例えば，監査基準に関しては，アメリカ公認会計士協会(AICPA)内の委員会である監査基準審議会(ASB)が，1978年以来，基準設定に当たってきていた。しかしながら，同審議会は，会計士のみから構成されており，民間の第三者，いわゆる公共の利益を代表するような人たちが入っていないという批判を受けていた。また，ASBが設定した基準については，公認会計士協会の内部においても，その妥当性を検討する機関が用意されておらず，いわば品質のチェックがなされないままに，会計プロフェッションの職業行為基準が設定・公表されるという結果となっていたのである。

　実際，監査基準の内容についても，疑念が示される状況が見られた。エンロン事件が発生した後に，不正に対する監査の取り組みを問い直す動きがあり，数ヶ月後の2002年2月に，不正問題に対する対応として，不正に係る従来の監査基準書(SAS)の改訂を図る公開草案が公表されたが，同公開草案は，従来からの不正に対する対応とほとんど差が見られない内容であったのである。その後，約10ヶ月をかけて再度の見直しが行われ，2002年11月に，

図表19　アメリカにおける自主規制システムの是正

監査基準審議会(ASB)
- 不正に対する監査基準の不備
- 監査基準設定プロセスへの懸念

公共監視審査会(POB)
- 予算等の制約
- SEC等とのコミュニケーション不足

懲戒
- 懲戒の独立性と有効性に対する懸念

不正問題に関して会計士により厳しい責任を課す監査基準書(SAS)第99号が公表されているが，この間の経緯によって，ASBによる自主規制としての監査基準の設定のあり方について，改めて批判が投げかけられていたのである。

　アメリカの場合，会計基準については，1934年証券取引所法のもとで証券取引委員会(SEC)に設定権限が与えられている。ところが，SECは，創設直後から，民間のアメリカ公認会計士協会(AICPA)に会計基準の設定を任せ，自らはその設定権限を行使することはなかったのである。その後，1973年に財務会計基準審議会(FASB)が創設された際にも，SECは，FASBが作成し公表する基準は，「**一般に認められた会計基準(GAAP)**」として権威ある支持を与える旨を通牒において表明し，会計基準設定の場はアメリカ公認会計士協会からこの機関に移り，現在に至っているのである。

　他方，監査基準については，従来，設定権限が法的に定められてはこなかった。そのために，アメリカ公認会計士協会(AICPA)が自ら設定に当たってきた。しかし，企業改革法において，明確に，公開会社会計監視委員会(PCAOB)に設定権限が付与され，さらに，その後，PCAOBが自ら基準設定に乗り出す意向を示し，実際に2004年より監査基準を公表するに至ったことで，会計基準の枠組みとは異なる様相を呈することとなったのである。

　現在，アメリカの監査規範は，PCAOBのもとで全面的な見直しが図られているのである。

　次に，公共監視審査会(POB)の問題である。POBは，世界的にも，アメリカにおける会計プロフェッションの自主規制の水準を示すものとして高く評価されてきた向きがあるが，実態としては，必ずしもそのようではなかった部分があるのである。

　その1つは，POBの実働予算としての財源は，アメリカ公認会計士協会(AICPA)が調達し，提供してきていたことにある。つまり資金的な繋がりによって，会計プロフェッションを監視する機関の行動が，監視されるべき側の団体の意向によって影響を受けていたというのである。また，十分な予

算が与えられていなかったために，十分なチェック業務が行われていないとの指摘もあった。

また，資本市場全般にわたる権限を有する規制当局である証券取引委員会（SEC）との間に，必ずしも円滑なコミュニケーションがなされていなかったことも挙げられる。このことを象徴するように，SECは，エンロン事件発生後，かかる事件が起きた理由の1つとして，POBが十分な監視をしてこなかったことを挙げてPOBを批判したのであった。それに対して，POBはその批判を不当として，自主的解散を決議してしまうのである。これは，いうならば，必ずしも十分な情報交換がなされていなかったことの証左であるといえよう。

さらには，懲戒に関しても，結局，アメリカ公認会計士協会の中の自主規制という形で行われる懲戒は，独立性および有効性に乏しいのではないかという批判もなされていた。

以上のような懸案事項があったために，新設のPCAOBを中心とした会計プロフェッションに対する規制が始まったのである。PCAOBの権限のもとに置かれることになった事項は，いずれも自主規制として実施されていた間に，その有効性が問題視されていたものであったと総括できるであろう（**図表19**参照）。

したがって，企業改革法によってもたらされた自主規制の見直しは，単なる自主規制権限の剥奪ではなく，自主規制システムに若干の歪み，あるいは脆さというべきものが生じた部分について公的な牽制作用が働いて，これを是正しようとする動向であったと解することができるのである。

3　制度としての職業倫理の改革

(1)　制度としての職業倫理

　これまで見てきたように，現在，アメリカにおいて，会計プロフェッションの自主規制は，大きな転換期を迎えている。このことは，自主規制の重要な柱である職業倫理についても重大な影響を及ぼしている。

　第2章でも述べたように，倫理基準というものは会計専門職の業務全般に関わる行動を倫理面から規制する規範であり，当然ながら，その違反に関しては具体的な制裁を行うことで，監査基準によって実現される監査水準を維持することが目標となっている。最終的に，倫理基準こそがそのプロフェッションに対する権威の源泉となるということができ，反対に，会計プロフェッションには，公共の利益に資することを条件として，監査に係る独占的業務権限が与えられることになるのである。

　このような意義を有する倫理基準は，常に社会からの批判を受けながら，承認に耐えるものとして改善していかなければならない。また，仮に会計プロフェッションがそうした具体的な倫理規程を履行していないとか，あるいは，一般的に，効果的な自主規制を行っていないと理解されたならば，国家あるいは公的な力が自主規制の特権を取り上げるということは当然に考えられるのである。

　すでに見たように，アメリカにおいては，倫理基準の設定権限までもがPCAOBに移されることとなった。このことは，監査基準の設定権限の委譲ということ自体より，はるかに大きな問題であるといえよう。第1章で示したプロフェッションの特質（**図表3「プロフェッションの特質」**を参照のこと。9頁）の1つである倫理基準の設定が，プロフェッションの外部の機関，しかも公的機関によって行われるということは，今後，プロフェッションの

性質に変容を迫るものとなるかもしれない。

しかしながら,ここで留意すべきは,公的規制の対象となったのは,あくまでも「**制度としての職業倫理**」である,という点である。第6章で検討する「**実践としての職業倫理**」の問題は,依然として,会計プロフェッション自身の問題として委ねられているのである。

(2) 制度としての職業倫理の改革―アメリカの場合―

アメリカにおいては,エンロン事件の発生とその帰結としての企業改革法の制定によって,「**制度としての職業倫理**」に対して,公的機関による大幅な関与を行うという方向での改革が行われた。

しかしながら,実は,アメリカでは,以前にも同様の問題があったのである。1988年,アメリカ公認会計士協会(AICPA)では幾つかの改革がなされたが,その1つとして,職業倫理規程が大改訂されたのである。当時は,後を絶たない経理不正や粉飾が続発していた時期であった。これに対して会計士,監査人は無力であったという批判を受けた。そこで,自らの権能,すなわち,独占的な監査権限を維持するために,自主規制を強化するという名目で行われたのが職業倫理規程の大改訂であったのである。

図表20は,アメリカにおける倫理規程の改訂の流れを示したものである。この倫理規程に関しては,現在に至るまで,何度となく見直しが行われている。当然ながら,アメリカの会計専門職は1800年代の後半に芽生え始めることから,その歴史は優に100年を超えている。1906年には,すでに倫理に関する規程が制定されていたようであるが,実際に今日のような形になったのは1988年からである。このように見ると,アメリカでは,不正または不祥事件に対応するために,不断の改革努力を払い,同時に,倫理規程の改訂を行ってきたと捉えることができるのである。

今般,PCAOBという新たな監視機構を設置し,「**制度としての職業倫理**」に対する公的な規制,つまり監視を行うことになったということは,これまで同様に,さらなる改革の一歩を進めたものと解することもできるであろう

図表20　アメリカにおける職業倫理規程改訂の経緯

年	事　項
1906年	アメリカ公会計士協会（American Association of Public Accountants：AAPA）が，会則の中に会計業務および報酬に関する2つの倫理条項を初めて規定
1907年	AAPAが「職業倫理」と題する5つの規則を会則として新設
1917年	アメリカ会計士協会（American Institute of Accountants：AIA）に組織変更後，会則から独立した8条からなる職業倫理規則を新設
1936年	AIAが，競合団体との併合を経て，全米唯一の会計プロフェッション団体となる
1941年	AIAが，従来の職業倫理規則に加えて，それまでの懲戒決議の内容，および新設の反職業的行為に関する規則を盛り込み，全15条からなる職業倫理規則へと改正（なお，直後に守秘義務に係る16条が追加）
1957年	アメリカ公認会計士協会（American Institute of Certified Public Accountants：AICPA）に改称
1958年	税務およびMA業務に係る規則を追加修正
1962年	職業倫理規則の構成を，関連項目ごとに再配列するとともに，独立性規定の改正および価格競争の禁止規定を新設
1973年	職業倫理の諸概念，行為規則，および行為規則注解からなる規則として全面的に構成を改め，独立性，監査基準の遵守，会計事務所の組織等に関する改正
1986年	「公認会計士の職業行為基準に関する特別委員会」（「アンダーソン委員会」）報告書の公表
1988年	「職業行為規程」という表題に改訂するとともに，職業専門家としての行為目標を指向した「原則」と業務実施上の具体的な行動指針としての「規則」に分けて，より積極的な行為への努力を規定

し，あるいは，そのような改革をもってしても対応し切れなかった事態に際して，抜本的な改革が行われたと解することもできるであろう。

(3) 制度としての職業倫理の改革―わが国の場合―

わが国においても，日本公認会計士協会の職業倫理の規程については**図表8**(36頁)に見られるような改革が図られてきている。しかしながら，平成12(2000)年7月6日の倫理規則の公表までは，昭和60(1985)年に紀律規則の大幅変更があったのみで，その後は，一部変更があるものの，実質的に中身はほとんど変わっていなかったのである。また，紀律規則は，その内容が非常に簡単なものであって，少なくとも会計プロフェッションの行動規範と呼ぶことのできるほどのものではなく，いわば心得に類するものでしかなかったといえよう。

したがって，ある意味では，わが国における**「制度としての職業倫理」**は，先般の倫理規則の公表に始まるといっても過言ではない。

続いて，平成13(2001)年3月には品質管理審議会が設置され，平成13(2001)年度から品質管理レビューが本格的に実施されたということは先に述べたとおりである。さらに，平成14(2002)年6月には協会会長の声明文として，幾つかの不祥事に応える目的もあって，**図表21**に示したような文書を公表しているのである。

この声明文では，具体的な会社名を掲示しながら，かかる不祥事件が二度と起きないように，協会のすべての会員に対して気持ちの引締め，そして身辺の整理と浄化を図るよう注意を喚起している。そして，その中で，**「社会に対する責任を認識し，その負託に応えるため，自らの業務上の行為を律する厳格な職業倫理に則って行動する」**という公認会計士の倫理観を明示しているのである。

かかる声明文は，事件に対する適時かつ具体的な対応という意味においても，会員たる各会計士に対して，職業倫理の重要性について再認識させるという意味においても，旧来にない日本公認会計士協会の対応として高く評価

図表21　日本公認会計士協会会長声明文

倫理の保持高揚の徹底について

　フットワークエクスプレス㈱の粉飾決算疑惑で，監査を担当した監査法人の代表社員ら公認会計士が虚偽の決算書を承認していた疑いにより，大阪地検特捜部は証券取引法違反（有価証券報告書の虚偽記載）の容疑で，事務所を家宅捜査し，監査を担当した同法人の公認会計士が逮捕，起訴され，うち2名については罰金50万円の略式命令という刑事処分が下されました。

　本件については，当協会においても綱紀委員会で調査，審議しているところでありますが，この事件以外にも，自治労の関連会社の不正経理事件に関連して業務上横領の罪で起訴された会員，税理士法上の懲戒処分を受けた2名の会員，詐欺と有印私文書偽造・同行使の疑いで逮捕された会員と，公認会計士が関与したとされる不祥事件がここ半年間で相次いでおり，これらの事実もまた，当協会として重く受け止めているところであります。

　こういった事件の背景には，「社会に対する責任を認識し，その負託に応えるため，自らの業務上の行為を律する厳格な職業倫理に則って行動する」という我々公認会計士がもっとも堅持しなければならない倫理観の欠如を思わせるものがあります。

　当協会では，一昨年7月に，それまでの紀律規則を全部改訂し「倫理規則」を定め，会員が一致団結して倫理の保持高揚に努めているところであり，また，継続的専門研修，品質管理レビュー等を通じて社会の期待に応えられる存在になろうと努力を重ねている最中であり，こういった不祥事件は，公認会計士の社会的信頼を大きく損なう，絶対にあってはならない事柄であります。

　これらの事件については，当協会としても厳正に対処する所存であり，また，一連の事件に鑑み，会員に再度，倫理の保持・高揚とその徹底を求めるとともに，協会内においても会員業務のより一層の有効化を図るための審査部門の人員増強など，その体制を整備・充実していく所存であります。

平成14年6月14日
日本公認会計士協会
会長　奥　山　章　雄

できるのではないかと考える。

　しかしながら，アメリカの状況に見られるように，不断の努力をしていても，その効果が十分でない場合には，プロフェッションのある種の宿命として，職業倫理，ひいては自主規制の枠組みに対して，厳しい事態を生ぜしめないとも限らないのである。やっと緒についた感のあるわが国の会計プロフェッションの職業倫理を中心とした自主規制の枠組みであるが，それを維持・発展させるためにも，日本公認会計士協会のさらなる努力と，個々の会員および事務所レベルでの貢献が不可欠であるといえる。

(4) 制度としての職業倫理の改革―国際会計士連盟(IFAC)の場合―

　わが国にあっては，漸く「制度としての職業倫理」を重視する体制に至ったと解されるのが正しい見方であろうかと思われる。

　ところが，会計の領域においては，すでに国際会計基準(IAS)が収斂の段階から適用の段階に移りつつあるように，監査の問題についても，グローバリゼーションの中において，将来的には，少なくとも国際的に統一化の方向に向かうことが予想されるのである。「制度としての職業倫理」についてもその影響は免れないであろう。

　世界各国の会計プロフェッションによる世界的自主規制団体である国際会計士連盟(IFAC)においては，当然ながら，世界の会計プロフェッションに係る倫理規程の制定を行っており，2001年11月に改訂されたものが現行の規程となっている。

　わが国の平成12(2000)年6月に公表された現行の倫理規則も，この国際会計士連盟(IFAC)の倫理規程の改訂作業を視野に入れながら，国際会計士連盟(IFAC)のものと整合性を保つよう，見直しがなされていることから，少なくとも国際的に遜色のないものとなっていると解される。

　ただし，会計基準や監査基準が，2005年のEUにおける適用時期を目処として，大きく国際的収斂の方向性を有していることを考えると，会計および監査の業務を担う会計プロフェッションの行動規範である職業倫理規程に関

しても，同様に，将来的には各国の加盟団体の職業倫理規程を国際会計士連盟(IFAC)の規程に収斂させることが求められるであろう。

実際，国際会計士連盟(IFAC)は，2003年7月18日に，改訂倫理規程の公開草案を公表し，その中で，現行の倫理規程が各国の倫理規程策定のための「模範規程」であったものを，世界中のすべての加盟団体および構成員が従うべき「基準」とする，としているのである。また，国際会計士連盟(IFAC)の倫理規程が規則主義ではなく，原則主義に基づいている点も大きな特徴であり，エンロン事件以後のアメリカにおける会計および監査基準の見直しの動向を反映したものと解される。

同公開草案の公表を受けて，わが国でも，近日中に，今回の公開草案の内容を踏まえた倫理規則の改訂が行われるものと考えられている。

このように，細かい具体的な適用の場面では，各国の事情，歴史的な背景，拠って立つ法律によって，当然ながら，読み換えや見直し，場合によっては免除という部分が生ずる可能性はあるであろう。しかし，大きな枠組みとしては，**「制度としての職業倫理」**の国際的収斂の動向は，もはや抗することは不可能なものとなっているのである。

第5章

「公認会計士法」改正の意義

コラム　企業の行動原則

　企業は，次の10原則に基づき，国の内外を問わず，全ての法律，国際ルールおよびその精神を遵守するとともに社会的良識をもって行動する。企業は，単に公正な競争を通じて利潤を追求するという経済的主体ではなく，広く社会にとって有用な存在でなければならない。

1. 社会的に有用な財，サービスを安全性に十分配慮して開発，提供し，消費者・ユーザーの信頼を獲得する。
2. 公正，透明，自由な競争を行う。また，政治，行政との健全かつ正常な関係を保つ。
3. 株主はもとより，広く社会とのコミュニケーションを行い，企業情報を積極的かつ公正に開示する。
4. 環境問題への取り組みは企業の存在と活動に必須の要件であることを認識し，自主的，積極的に行動する。
5. 「良き企業市民」として，積極的に社会貢献活動を行う。
6. 従業員のゆとりと豊かさを実現し，安全で働きやすい環境を確保するとともに，従業員の人格，個性を尊重する。
7. 市民社会の秩序や安全に脅威を与える反社会的勢力および団体とは断固として対決する。
8. 海外においては，その文化や慣習を尊重し，現地の発展に貢献する経営を行う。
9. 経営トップは，本憲章の精神の実現が自らの役割であることを認識し，率先垂範の上，関係者に周知徹底する。また，社内外の声を常時把握し，実効ある社内体制の整備を行うとともに，企業倫理の徹底を図る。
10. 本憲章に反するような事態が発生したときには，経営トップ自らが問題解決にあたる姿勢を内外に表明し，原因究明，再発防止に努める。また，社会への迅速かつ的確な情報の公開と説明責任を遂行し，権限と責任を明確にした上，自らを含めて厳正な処分を行う。

以上

出所：㈳日本経済団体連合会『企業行動憲章―社会の信頼と共感を得るために―』2002年10月15日

第5章 「公認会計士法」改正の意義

1　改正に至るまでの経緯

(1)　公認会計士法の改正

　本章では，わが国における**制度としての職業倫理**の一部をなす公認会計士法の問題を取り上げることとする。特に，職業倫理の観点で重要な，公認会計士の使命規定および独立性規定に係る若干の問題点を検討することとする。

　平成15(2003)年5月，公認会計士による会計監査制度の強化策を盛り込んだ改正公認会計士法が可決成立し，同年6月6日に公布された。今回の改正は，昭和41(1966)年の改正以来，実に37年ぶりの大改正ということであり，公認会計士法制定の昭和23(1948)年からみれば，実に55年ぶりの大改正であった。その意味で，今般の改正は，20世紀の後半におけるわが国の証券，資本および金融市場の健全な発展の一翼を担うことで，広く**公共の利益**(Public Interest)の保護に貢献してきている公認会計士の基本的役割と責任について根本的な見直しを行うものであり，まさに，歴史的な大改革であるといえる。

　なお，公認会計士業務の監督を行う金融庁によれば，今回の改正理由として以下の点が示されている。

　「証券市場の公正性及び透明性を確保し，投資者の信頼が得られる市場を確立する等の観点から，公認会計士監査の充実及び強化を図るため，監査証明業務と非監査証明業務の同時提供及び公認会計士の継続的監査の制限等公認会計士及び監査法人の独立性の強化，公認会計士及び監査法人に対する調査権の拡充並びに公認会計士・監査審査会による監視制度の導入等監視監督機能の充実及び強化，試験体系の簡素化，試験の一部免除の拡充等公認会計士試験制度の見直し等，所要の措置を講ずる必要がある。こ

73

れが，この法律案を提出する理由である。」

　上記の点からもわかるように，今回の改正は，単に，わが国公認会計士業務に関する具体的ないし個別的問題に対する見直しというのではなく，広く，国際的視点から，わが国の証券および金融市場の国際的信認を獲得するための見直しであるといえる。

(2)　改正までの経緯

　今回の改正に至るまでの経緯は，必ずしも平坦なものであったとはいえない。振り返るならば，バブル経済崩壊後の20世紀末のわが国証券・金融市場に対して国際社会から浴びせられたさまざまな批判により，わが国会計および監査制度，とりわけ，こうした制度の中核ともいえる会計基準および監査基準は大幅な見直しを余儀なくされることとなった。

　まず，会計制度の要ともいえる会計基準に対しては，平成10(1998)年から矢継ぎ早に公表された一連の新会計基準(すなわち，「連結キャッシュ・フロー計算書等の作成基準」「中間連結財務諸表等の作成基準」「研究開発費等に係る会計基準」(以上，平成10(1998)年3月)，「退職給付に係る会計基準」(同6月)，「税効果会計に係る会計基準」(同10月)および「金融商品に係る会計基準」(平成11(1999)年1月)の設定と，「外貨建取引等会計処理基準の改訂」(同10月)等は，平成13(2001)年3月期決算での，新会計基準のほぼ全面適用により，いわゆる第1次**会計ビッグバン**も終焉を迎えたとされている。しかし，こうした改革の流れは，さらに，国際会計基準(IAS)との整合性並びに国内レベルにおけるこのIASの受入れおよび遵守性の問題ともあいまって，わが国においては，広く会計問題が国家的な基本問題として認識されるようになってきており，今後の動向についても十分に注視することが求められている。

　一方，アジア経済危機を引き金として，わが国においても，平成11(1999)年3月期から，英文にて作成の財務諸表に対する監査報告書において，「日

第5章 「公認会計士法」改正の意義

図表22　公認会計士法改正に至るまでの経緯

大蔵省

　公認会計士審査会「会計士監査の充実に向けての提言～市場機能の有効な発揮のためのディスクロージャーの適正性の確保～」平成9(1997)年4月24日

　公認会計士審査会・会計士監査に関するワーキング・グループ「会計士監査の在り方についての主要な論点」平成11(1999)年7月2日

　企業会計審議会「監査基準等の一層の充実に関する論点整理」平成12(2000)年6月9日

　公認会計士審査会・監査制度小委員会「監査制度を巡る問題点と改革の方向～公認会計士監査の信頼性の向上に向けて～」平成12(2000)年6月29日

　公認会計士審査会・試験制度に関する検討小グループ「公認会計士試験制度のあり方に関する論点整理」平成12(2000)年6月29日

金融庁

　企業会計審議会「監査基準の改訂に関する意見書(公開草案)」平成13(2001)年6月22日

　企業会計審議会「監査基準の改訂に関する意見書」平成14(2002)年1月25日

　企業会計審議会「中間監査基準の改訂に関する意見書(公開草案)」平成14(2002)年8月9日

　金融審議会・公認会計士制度部会「公認会計士制度見直しにかかる検討項目」平成14(2002)年9月27日

　企業会計審議会「中間監査基準の改訂に関する意見書」平成14(2002)年8月9日

　金融審議会・公認会計士制度部会報告「公認会計士監査制度の充実・強化」平成14年(2002)12月17日

　　「公認会計士監査制度の改革についての金融庁としての考え方」平成15(2003)年2月3日

　　「新たな公認会計士試験制度等のしくみ」平成15(2003)年2月3日

本基準の財務諸表は日本の会計原則や会計慣行で作成されており，日本以外の国の会計原則や会計慣行で作成されたものではない旨と，監査も日本の監査基準及び監査慣行によって行われている旨の注意喚起文言」(かかる挿入文は，Legend Clause と呼ばれるもので，わが国では一般に，「**警句**」ないし「**警告文**」と訳されている)を付することを求める5大会計事務所(ビッグ5；現在は，ビッグ4になっている。)の要請をわが国の提携監査法人が受け入れるようになったことから，わが国の監査制度，とりわけ，公認会計士監査に対しての信頼性は大きく低下したものと危惧されている。

　その結果，今般の法改正にも見られるように，わが国の監査制度に対する見直しは，監査基準だけでなく，公認会計士制度全般に関わって，すでに早い段階から，広範囲にわたっての問題点の整理とさまざまな提言等がなされてきていたのである(**図表22**参照)。また，こうしたわが国の改革に向けての検討期間中の2001年12月に，エンロン社の経営破綻事件が発覚し，アメリカ発の会計不信の嵐が世界中に伝播したことは，わが国における一連の改革の流れに対しても，大きな影響を及ぼしたものと思われる。

　したがって，今般の公認会計士法の改正に伴う改革が，突然降って湧いた見直し作業であって「拙速に過ぎる」との批判は，少なからず当を得たものとはいえないであろう。

第 5 章 「公認会計士法」改正の意義

2 改正の主要論点と主な改正項目

　平成14(2002)年12月17日，金融審議会・公認会計士制度部会が公表した報告書『公認会計士制度の充実・強化』(以下，『部会報告』)では，まず，「総論」において，公認会計士監査制度のあり方と見直しに関する基本認識を明らかにしている。そこでの基本認識は，大要以下の3つにまとめられている。
(1)　企業会計不正事件に対する米国政府の対応などの国際的動向も踏まえ，グローバルな経済環境のもとにある今日の我が国の経済社会において，資本市場に対する信認をいかに確保し，その機能を向上させるべきかという観点から，公認会計士監査制度のあり方についての検討を行っていること。
(2)　そもそも，投資家，債権者などの保護，資本市場に対する信認は，企業の財務情報の適切な開示とその信頼性を保証する監査が前提となり，企業に対する評価と投資行動などを通じて，市場において醸成されるものであるということ。
(3)　上記に示された市場の機能が十分に発揮されていくことの強い期待に応えるためには，内部監査や監査役(監査委員会)監査と公認会計士監査との連携をはじめとするコーポレート・ガバナンスの充実・強化とともに，公認会計士監査を巡る制度環境の整備が必要不可欠であるということ。
　さらに，このような基本認識に依拠して，『部会報告』の「各論」では，以下の6つの主要な論点を取り上げて，公認会計士監査制度の見直しのための具体的提言が述べられている。
(1)　公認会計士の使命および監査の目的を明らかにするとともに，公認会計士の中核的な役割である監査業務とそれ以外の業務との識別を図ることで，公認会計士監査の意義とあり方について検討すること。
(2)　コーポレート・ガバナンスの充実・強化の観点から，企業および経営

者の責任と監査人の役割および責任との関係，また，内部監査，監査役（監査委員会）監査と外部監査たる監査人の監査との相互補完的な関係，さらに，市場と関わりを有する投資家および証券取引所等における取り組みと監査の関係について検討すること。

(3) 社会からの信認を得るための監査の中核をなす監査人の独立性強化の観点から，具体的に独立性要件を強化するとともに，国際的な観点での整合性ある独立性規制を行うこと。

(4) 複雑化，多様化および国際化する今日の経済社会においては，常に最新の専門的知識の習得と**高度な倫理観および独立性の保持**が求められることから，公認会計士の資質の向上とかかる専門職業人を養成するための試験制度のあり方について検討すること。

(5) 昭和41(1966)年の公認会計士法の改正によって導入された「監査法人制度」ではあるが，当時想定された時代背景との乖離がみられることから，より信頼しうる監査業務の牽引的役割を担うために，今日的意味における監査法人のあり方について検討すること。

(6) 監査の質の確保と実効性の向上を図るための施策を講じるために，かかる監査に関わりを有する当事者，とりわけ，日本公認会計士協会における「自主規制」と行政当局の監視，監督の充実・強化について検討すること。

冒頭の改正の理由を踏まえつつ，かつ，上記の基本認識および見直しのための具体的提言を受けて，以下の改正項目を織り込んだ公認会計士法の一部改正がなされることとなった(**図表23**)。

図表23　公認会計士法の改正項目

一．総則
　1．公認会計士の使命及び職責
　2．公認会計士の資格
二．公認会計士試験等
　1．新試験制度の導入
　2．公認会計士試験の試験科目
　3．短答式試験科目の一部免除
　4．論文式試験科目の一部免除
　5．業務補助等
　6．実務補習
三．公認会計士の義務及び責任
　1．大会社等に係る業務の制限の特例
　2．研修の受講
　3．公認会計士の就職の制限
　4．公認会計士に対する指示・処分
四．監査法人
　1．監査法人の設立等の認可制から届出制への変更
　2．指定社員制度の導入
　3．特定の事項についての業務の制限
　4．大会社等に係る業務の制限の特例
　5．監査法人の関与社員の就職の制限
　6．規制緩和
　7．監査法人に対する指示・処分
五．公認会計士・監査審査会
　1．設置
　2．会長及び委員の職権の行使，任命等
　3．事務局の設置等
　4．検査結果に基づく行政処分等の勧告
六．日本公認会計士協会
　1．監査又は証明の業務の調査
　2．監督上の命令
　3．役員の解任命令の廃止
七．雑則
　1．報告及び検査
　2．権限の委任
八．罰則
九．その他
　1．施行期日
　2．経過措置等

3　公認会計士の使命規定の新設

(1)　使命規定の新設

　わが国の場合，他の専門職業の場合と異なり，これまで公認会計士の使命および職責について，公認会計士法上，何らの規定もなく，すべてが日本公認会計士協会の自主規制ないし自治に委ねられていた。そのため，日本公認会計士協会は会則第28条の規定に基づいて規定されている「倫理規則」（平成12(2000)年7月最終変更）の前文「倫理規則の主旨及び精神」において，公認会計士の使命について次のように謳っていたのである[※※]。

　「公認会計士は，監査及び会計に関する職業専門家として，公共の利益に資するため，その専門能力に基づき誠実かつ公正に業務を行い，社会の

※※他方，他の専門職業の使命・任務については，関係法文において以下のような規定が盛られている。
①「弁護士法」第1条（弁護士の使命）
　「1. 弁護士は，基本的人権を擁護し，社会正義を実現することを使命とする。
　 2. 弁護士は，前項の使命に基づき，誠実にその職務を行い，社会秩序の維持及び改善に努力しなければならない。」
②「税理士法」第1条（税理士の使命）
　「税理士は，税務に関する専門家として，独立した公正な立場において，申告納税制度の理念にそって，納税義務者の信頼にこたえ，租税に関する法令に規定された納税義務の適正な実現を図ることを使命とする。」
③「医師法」第1条（医師の任務）
　「医師は，医療及び保健指導を掌ることによって，公衆衛生の向上及び増進に寄与し，もって国民の健康な生活を確保するものとする。」
　なお，日本公認会計士協会では，法文規定に代わるものとして，昭和51(1976)年6月17日の理事会決議をもって，下記『綱領』の制定を採択している。
　「われわれ公認会計士は，会計業務の公共性にかんがみ，独立の立場を堅持し，かつ公正な経済社会の確立と発展に貢献する。」

健全な発展に寄与することを使命とする。」

ところで，今般の改正では，「監査の目的を果たし，公認会計士の公益上の使命と職責を全うし，担保する制度として公認会計士法を改めて位置づけるとともに，この本旨を法制度上明らかにすることが必要である。」(『部会報告』総論4．)との認識に基づいて，以下のような**「公認会計士の使命」**が第1条に新設されることとなった。

「公認会計士は，監査及び会計の専門家として，独立した立場において，財務書類その他の財務に関する情報の信頼性を確保することにより，会社等の公正な事業活動，投資者及び債権者の保護等を図り，もつて国民経済の健全な発展に寄与することを使命とする。」

(2) 公認会計士と監査人

そもそも公認会計士(Certified Public Accountant：CPA)は，一般にProfessional Accountant(つまり専門職業会計士)と呼称されるように，まず第1に「会計の専門家」であるとの理解がなされなければならない。その上で，特に独立的立場に立って独占的な業務である監査を担当するとき，Independent Auditor(or Accountant)(つまり，独立監査人あるいは独立会計士)またはExternal Auditor(外部監査人)と捉えられるのである。確かに，監査上の諸問題の中には会計以外の領域の問題も当然に考えられるものの，職業領域としては，会計が先にあり，その中に監査が位置づけられることで，会計監査ないし財務諸表監査の適切な実施が期待されるのである。

かかる理解に立脚するならば，「監査及び会計の専門家」という文言は，「会計及び監査に係る職業専門家」と規定することが国際的な視点からも理解が得られやすいように思われる。同時にまた，公認会計士が担うべき役割としての「公共の利益(Public Interest)の保護」という文言が，本条に挿入されていれば，なおいっそう理解が高まったのではないかと思われる。

4　その他の主な改正事項と課題

　今般の改正に際して社会から最も注目を浴びたのが，監査人の独立性を強化するための方策としての公認会計士および監査法人の「業務の制限」に関する規定であろう。なかでも，一定期間での監査人の交替制（ローテーション）の導入については，監査担当に係る一定期間の長さ，および，かかる一定期間経過後の冷却期間（クーリング・オフ）の長さについて多くの議論がなされたようである。

　そもそも，同一監査人の継続的監査の問題については，平成12（2000）年6月，公認会計士審査会・監査制度小委員会公表の「監査制度を巡る問題点と改革の方向～公認会計士監査の信頼性の向上に向けて～」において，監査法人における関与社員の交替期間をアメリカのSEC登録会社の監査担当社員の場合と同様，「最長7年」とすべきとする提言がなされていた。しかし，アメリカにあっては，エンロン事件後の「会計不信」一掃を図って2002年7月30日に制定された企業改革法第203条の規定（すなわち，監査担当パートナーのローテーションに関しては，主任担当パートナーおよび当該監査業務のレビュー担当パートナーは，5年毎にローテーションしなければならない，とされている）を受けて，2003年1月に制定された証券取引委員会（SEC）のレギュレーションS-Xの規則2-01(c)(6)では，主任担当パートナーおよび当該監査業務のレビュー担当パートナーは最長5年毎に交替するとともに，再び同一会社の担当パートナーとなるためには，交替後5年間冷却期間を置くことが規定されている。ただし，主任ないしレビュー担当以外の監査パートナーの場合は，最長7年毎の交替と，その後2年間の冷却期間を置くこととなっている。なお，企業改革法では，事務所内部のパートナーの交替だけでなく，事務所自体の強制的な交替の是非についても，会計検査院（GAO）

に調査研究を行わせた結果(第207条)，2003年11月公表の報告書では，結果として，かかる交替は必要ではないということが示されることとなった。

このように，監査人の交替問題は，監査先進国のアメリカにあっても，必ずしも，確たる解答が示されているわけではない。したがって，わが国の場合，現段階においては，日本公認会計士協会の「倫理規則」で要請する「最長7年」での交替とその後2年間の冷却期間を置くことの規定(改正法第24条の3および第34条の11の3)を受け入れることが，監査人の独立性強化に向けては妥当な結論であると思われる。

今般の公認会計士法の改正は，第1条での使命規定にも端的に表れているように，公認会計士である会計プロフェッションとしての役割と責任を明示するというのではなく，あくまでも，財務情報の信頼性を担保する役割を担う「監査人」としての使命を明示することに重点が置かれている。それは，そもそもの改正の中心課題が「公認会計士監査制度の充実・強化」にあったことからも首肯しうるところである。

しかし，わが国が模範とするアメリカにあっても，まず最初に会計プロフェッションとして正式に認められる公認会計士の存在を受け入れることから議論が始められるのである。その際，証券および資本市場における財務情報の信頼性を保証する役割(すなわち，監査の機能)を担う「監査人」として，この公認会計士が選ばれ，自主規制のもとに信頼しうるディスクロージャー制度を支えてきている点が評価されていることを再認識すべきである。したがって，わが国にあっても，基本的に，公認会計士という国家資格に裏打ちされた専門職業人と，公共の利益を保護する役割を担うべき「監査人」としての立場を明確に識別することから議論を始めることが求められるのである。

第6章

実践としての職業倫理

コラム　公認会計士養成の基本理念

○ 公認会計士については，量的に拡大するとともに質的な向上も求められている監査証明業務の担い手として，拡大・多様化している監査証明業務以外の担い手として，さらには，企業や公的部門などにおける専門的な実務の担い手として，経済社会における重要な役割を担うことが一層求められている。

○ こうしたことから，公認会計士は，複雑化・多様化・国際化している今日の経済社会において，不断の自己研鑽による専門的知識の習得，高い倫理観と独立性の保持により，監査と会計の専門家としての公益上の使命と職責を果たすべきであり，公認会計士試験を通じ，また，資格取得時はもちろんのこと，資格取得後においても，専門的職業人としての不断の自己研鑽が求められている。

○ 同時に，公認会計士を取り巻く環境の変化に伴い，公認会計士に対しては，より高い資質・職業倫理が期待されており，深い専門的能力に加えて，幅広い識見，思考能力，判断能力，国際的視野と語学力，指導力などが一層求められている。

○ このような公認会計士として備えるべき資質・能力を有する者を養成するためには，公認会計士試験だけでなく，高等教育機関（大学及び大学院）における会計教育，実務補習や業務補助を含む実務経験などとの連携がとれた公認会計士養成のシステムが必要であると考えられる。

出所：金融審議会公認会計士制度部会・専門的教育課程についてのワーキングチーム『専門職大学院における会計教育と公認会計士試験制度との連携について』平成15年11月17日

第 6 章　実践としての職業倫理

1　実践としての職業倫理の高揚に向けて

(1)　実践としての職業倫理の意義

　エンロン後，企業改革法の制定を契機に，公的規制の導入を受けて，自主規制については大幅な縮小を，また，**「制度としての職業倫理」**については，大改革を余儀なくされたといえよう。しかしながら，仮に**「制度としての職業倫理」**に対して，今後，一層公的な規制が強化されたとしても，おそらく**「実践としての職業倫理」**，すなわち，実務の現場においての職業倫理の実践に関しては，公的な規制が入る余地はあり得ないといえよう。逆にいうならば，この**「実践としての職業倫理」**こそが，まさに会計プロフェッションの自主規制に委ねられていると考えることができるのである。

　「実践としての職業倫理」は，日々の監査実務の現場や，実務に根ざした事例等をベースにした研修等の場において，習得または研鑽が行われるものである。そこでの問題は，主として，個々人の会計プロフェッションの心の持ち方やプロフェッションとしての判断の深層，つまり，個々の具体的監査業務および会計業務に関与した際，その判断を行う場合の拠り所となる**心の持ち方**である。したがって，これは法律や規則で規制をすることが不可能なのである。さらにいうならば，ひとえに，会計プロフェッションにおける精神的なものと捉えられるのである。したがって，公的な規制には決してなじまないといえるのである。

　当然ながら，かかる職業倫理（観）を高揚させるためには，会計プロフェッション側での地道な教育・啓蒙および啓発活動等によること以外に，向上させる方法はないものと解されるのである。そして，このような**「実践としての職業倫理」**に対する取り組みこそが，会計専門職が公共の利益に資するという社会的使命を達成するために最も重要な課題であり，このことが成功す

るか否か，すなわち「**実践としての職業倫理**」を実践できるか否かが，まさしくプロフェッションの存立基盤をも左右する重大な問題ではないであろうか。

そこで，以下では，「**実践としての職業倫理**」について検討していくこととする。

(2) 「制度としての職業倫理」との関連

まず，「**実践としての職業倫理**」と「**制度としての職業倫理**」との関連について考えてみたい。

職業倫理の高揚に当たって最も有効なのは，職業倫理規程違反事例をCPE研修の教材としてフィードバックし，そこから得られる知見を広く会計プロフェッション全体で共有することであろう。こうした取り組みは「**制度としての職業倫理**」の見直しに対して，大いに貢献することになるものと考えられる。

最近，「失敗から学ぶ」という言葉が，よく使用されているが，わが国の場合には，「失敗は隠蔽する，包み隠す」あるいは，「失敗を先送りする」といったことが行われてきたという指摘は否めないであろう。現在，広く問われているのは，かかる意識からの脱却と，先例から謙虚に学ぶ姿勢なのではないであろうか。

世界各国の公認会計士は，長きにわたって会計情報のディスクロージャー制度を支えてきている。そして，おそらく，この**ディスクロージャーの番人**となりうるのは，また，その責務を負うのに最も相応しいのは，まさしく公認会計士，会計プロフェッションであるといえよう。ディスクロージャーに係る基本的考え方には，透明性を確保するというものがある。公認会計士がディスクロージャーの番人であるのであれば，自ら襟を正して，自分たちや同僚が関与した違反事例または失敗事例をも，正しく咀嚼して社会に公表する勇気が必要であり，かつ，将来への知見とするために，それらを会計プロフェッション全体として共有することこそが大変重要ではないかと考えられ

るのである。
　また，かかる違反事例を適時に公表することは，社会に対して会計プロフェッションによる適切な是正措置，すなわち自主規制が実施されていることを示す手段にもなると考えられるのである。

(3) 「理論としての職業倫理」との関連
　次に，この「実践としての職業倫理」が「理論としての職業倫理」とどのような関係を持っているのかという点について考えてみよう。
　例えば，事務所内研修などに際して，個々人の会計士がどのような倫理的判断をするか等についての調査を行ったり，実際に実務上出合った問題についてケースとして蓄積したりすることができれば，それらを後日，理論的に分析することが可能となるであろう。かかる個々の会計士の判断における倫理的側面の分析こそ，**「理論としての職業倫理」**の領域であり，**「実践としての職業倫理」**は，理論に対する実証的データを提供するものとなるのである。
　さらに，分析した結果を，必要に応じて，倫理規程すなわち**「制度としての職業倫理」**の側面に反映することや，あるいは，さらなる教育プログラムの開発，すなわち，**「実践としての職業倫理」**へのフィードバックを行うことも当然に考えられなければならないのである。

(4) 倫理教育の現状と実践としての職業倫理
　ところで，わが国の大学や社会では，倫理教育が極めて不十分な状況にある，という点に関しては多言を要しないであろう。監査制度を支えるための会計プロフェッション予備軍を養成している大学においては，非常に残念ながら，実践的な倫理教育はおろか，職業倫理に関連するようなカリキュラムさえもないというのが実状である。いわゆる，一般的な意味での倫理学や倫理教育がなされているところはあるであろうが，それは，必ずしも，ビジネス社会あるいは会計を正しく認知した上での倫理教育ではないのである。
　このような現状にあっては，職業倫理教育を担うのは，主に各会計事務所

または日本公認会計士協会の CPE 研修ということになる。まさに**「実践としての職業倫理」**として，会計プロフェッションの職業倫理教育を推進し，その高揚を図っていかなくてはならないと思われるのである。

また，実践の場において，かかる職業倫理およびその教育プログラムを，常時見直しながら改善していくことや，そのような取り組みについて，社会に対して正しく公表または広報することも重要である。

かかる取り組みは，遠回りのように感じられるかもしれないが，結果として，わが国会計プロフェッションの職業倫理観の高揚にとって最適な方策なのではないか，と考えることができるのである。

なお，**「実践としての職業倫理」**に係る取り組みは，会計士個々人の職業倫理意識の高揚に寄与するだけではなく，さらに，事務所内，さらには会計プロフェッション全体として，判断の均質化，公正化に寄与するものと考えられるのである。

常日頃から，実際の事例に基づいた判断を素材とした研修・教育を実施することによって，後日，同様の職業倫理に係る問題に遭遇した際に，会計士または監査担当者が，心の内で知識・知見として蓄積した職業倫理問題に準じて判断することで，判断のバラツキをなくし，プロフェッションとしてしかるべき判断を下すことができるようになるのではないであろうか。

第6章 実践としての職業倫理

2 現状における課題

　現在，わが国の会計事務所(監査法人)等においても，一部で，すでに実践としての職業倫理教育が行われている。しかし，現状では幾つかの問題または課題があるように思われることから，以下，それらの点について検討してみよう。

　まず第1に，オン・ザ・ジョブ・トレーニングとして，職業倫理上の判断をどのように行うかということを，現場での体験を通じて身に付けるという場合における限界である。

　つまり，現場というのは一過性の知識で終わってしまうという可能性が高い。また，現場の状況や上司の資質に左右されることもあろうし，あるいは，倫理問題には，現場のみでは解決不可能な問題があるとも考えられる。現場というものは，通常は，そのような倫理的な高度な判断を求める部分よりも，目先の監査調書の作成に奔走しなければならないといった，定型的な作業に追われてしまう。したがって，そのような問題は後回しにされ，結局，忘れ去られてしまうといった可能性がある。

　第2に，講習形式の研修の問題である。

　倫理問題とは，常に，一方通行での議論のみで行えるといった性質のものではなく，それぞれが自問自答し，頭の中でセルフ・ラーニング，またはブレーン・ストーミングをしなければならないのである。どれが正しいか，正しくないかというものは，必ずしも答えが出ない場合がある。法律や規則ではないので，グレーゾーンがある。そのような部分をどのように理解していくべきであるか。これを自ら考える必要がある。それが，講習形式の研修では身に付かないのである。

　また，当然ながら，倫理的判断の持つ意味については，常に明示的に意識

しておくことが必要である。つまり日常的,反復的に意識するのである。したがって,日常業務に関連づけた状況の中で,この議論がなされなければならないのである。

　第3に,実践の場ないし実務においては,往々にして,倫理問題を独立性規定の遵守や品質管理に係る問題として捉える向きが多いということでの問題である。

　そうではなくて,倫理問題というものは,いうならば,監査人の契約,業務,判断といった監査業務全般のすべての部分で,役割,関わりを持った議論なのである。そのような意味で,例えば,国際会計士連盟(IFAC)等は倫理の問題を取り上げながらも,基本的には職域に関わった行動指針といったものに対して,広い意味で「倫理」という言葉を使っている場面があるのである。

　単に独立性や品質管理に限定して職業倫理を扱うことは,職業倫理の意義を不当に減じることとなるであろう。

　第4に,事例研究の問題がある。

　現在,研修等において事例研究を行っているという事務所もある。少なくとも,事例研究は必要である。そして,わが国の場合には,これが少ないという欠陥がある。その上で,事例研究が行われている場合についても,若干扱い方に問題が残るように思われるのである。

　事例はあくまで過去の事案にすぎない。将来における職業倫理実践に活かすための研修であれば,過去の事例の詳細な報告を聴くのみでは不十分である,といわざるを得ないのである。

　求められるのは,かかる事例をもとにして,その状況下に置かれた会計士または監査人の判断について,倫理規程や各種法規を踏まえて,それぞれの会計士が自らの立場で考え,議論することである。そのような実践での取り組みを通じてこそ,職業倫理意識の高揚を図ることができるのであり,そうした取り組み自体こそが,本来の職業倫理教育と捉えられるのである。

第6章　実践としての職業倫理

3　倫理ケース―エンロン・アンダーセン問題をもとに―

　以上，述べてきたように，「**実践としての職業倫理**」に関する取り組みとしては，実務の現場で得られた実例等をもとに，会計士または監査人が，自らの頭で実際に考え，ディスカッションを重ねることが重要かつ有効であると考えられる。

　そこで，最後に，エンロン・アンダーセン問題に係る倫理ケースを用意することとした。以下の問題ⅠからⅢについて，掲載した**事実関係**を念頭に，**制度の立場**と**倫理の立場**で検討してみてもらいたい。

　なお，あくまでも考え方の一例として，巻末の**付録1**に，それぞれの問題についての「ディスカッションのための指針」を示してあるので，議論の叩き台として参照されたい（103～105頁）。

> **問題 I**
> エンロン社と監査人は，多額のMAS契約を結んでいた。このことには，どのような問題があるか。

事実関係
- アンダーセンの事務所収入に占めるMAS業務比率は，ビッグ5中最大で，当時，50％を超えていた。
- エンロン社が破綻する直前の2000年，SECは，非監査業務を禁止するSEC規則を提案していたが，ビッグ5の反対およびロビー活動を受けて，最終規則（2000年11月）では，クライアントに対する監査業務と非監査業務の同時提供が禁止されることはなかった。
- MASの提供が監査人の独立性に影響を及ぼすという調査ないし研究結果もあれば，他方で，そのような業務を提供することでクライアントの業務内容に詳しくなり，監査業務をより効率的に実施できる，との見解もある。
- エンロン社は，企業規模においても全米第7位の売上高（フォーチュン500社調べ）に位置する企業であり，監査報酬，非監査報酬のいずれも，莫大な金額に及んでいた。

第6章 実践としての職業倫理

> **問題Ⅱ**
> エンロン社は，特別目的会社(SPE)を通じて不正な会計処理を行っていた。そのことを見抜けなかった，監査実施上の問題としては，何があったのか。

事実関係

- 当時，SPEは，連結対象から外れていた。
- 多くの企業が，オフバランスのSPEを利用して，財務諸表から負債等を切り離す手法をとっていた。
- アンダーセンは，カール・バス氏の指摘にあるように，エンロンの会計手法に疑念があること，あるいは，疑念が持たれていることを把握していた。
- エンロンは，エンロン・オンラインに見られるような新しいビジネスモデルを実施していた。
- エンロンはまた，CEOのスキリング氏に大きく依存する体質で，取引の全容を把握していたのは彼だけだった，といわれている。
- エンロンは，急速に成長を遂げており，アンダーセン内でも，その業務手法並びにヒューストン事務所だけで監査を担うことについてリスクを認識していた。

問題Ⅲ

監査事務所では，SECの調査を前に，監査調書を破棄した。事務所として，並びに事務所内で上司から監査調書の破棄を命じられた者として，どのように対応すべきであったか。

事実関係

- アンダーセンでは，エンロン関連の監査調書の破棄を行っていた。
- かかる調書の破棄は，エンロンに限ったものではなかった（それどころか，監査調書は，訴訟において証拠になるので破棄するようにという研修が行われていた）。
- 監査調書の破棄は，パートナーの指示に基づいて，実際には，アシスタント等が行った。
- 当初，アンダーセンは，監査調書の破棄を認めなかった。
- 監査調書の破棄によって，エンロンにおいてアンダーセンが本当に不正に加担したのかどうかは明らかにならなかった。
- エンロン事件に先立って，アンダーセンはSECより制裁を受けたが，担当パートナーは，事務所内では一切処分されなかった。
- 以前から，アンダーセンは，「Army」（軍隊）と呼ばれるほど，組織的統率がとられている事務所だといわれていた。そして，それが強みだとされていた。

むすびにかえて

―公認会計士の職業倫理が有する重み―

| コラム | 社会統制システムの一環としての職業行為規程 |

　会計プロフェッションの業務の目標は，監査人の業務に対する利用者の正当な期待に合致するものでなければなりません。……（中略）……また，会計プロフェッションの業務に依存する人々から信頼を得るための基礎を形成するためにも，かかる業務の品質についての倫理および専門技術に関する基準が不可欠です。

　ところで，個人としての倫理とプロフェッションとしての倫理とは区別しなければなりません。両者は関連がありますが，プロフェッションとしての倫理は，個人としての倫理の特別版以上です。個人としての倫理は，倫理学一般の問題です。倫理学が焦点とするのは，正しい行動に関する合理的な根拠について，理論的に考察することです。義務のための義務というのがその概念です。

　プロフェッションの行為規程の目標は，規程以上のものです。会計プロフェッションの行為規程は，個人会員（注：アメリカ公認会計士協会会員）が正しい人生を送れるようにすることを目指しているわけではありません。職業行為規程の目標は，社会統制のシステムとして役立つことにあります。プロフェッションの行為規程は，かかるプロフェッション以外の人々に向けて，プロフェッションの構成員の義務について規定しているのです。ジョン・ケアリーは，この行為規程について次のように説明しました。すなわち，会計プロフェッションが公共の利益を守ることを公示し，他方，社会の人々が会計プロフェッションに信頼を寄せることに応えて，会計プロフェッションの構成員は社会の人々に恩恵を与えるような形で，行動する義務を受け入れる，ということです。

出典：ダグラス・R. カーマイケル（公開会社会計監視委員会主任監査官）『プロフェッショナリズムこそが第一』（アメリカ公認会計士協会国内会議での演説）2003年12月12日

むすびにかえて

　本書で繰り返し言及してきたように，アメリカにおいて新たに活動を開始した公開会社会計監視委員会(PCAOB)は，いわゆる倫理観の高揚，独立性の強化等の視点を自主規制で行おうとする長年にわたってのアメリカ公認会計士協会の取り組みに対して，規制の強化を図るものであるとか，さらには，アメリカにおいてこれまで25年続いてきた自主規制の崩壊が見られたのだ，という議論さえもなされている。少なくとも，企業改革法においては，これまで採用されていた，会計プロフェッション内完結型の自主規制では十分ではないということから，とりわけ，監査業務を行っている会計事務所の監視，監督を全面的に行うPCAOBの機関の役割と権限が規定されることとなったのである。

　そもそも，企業改革法の制定に当たっては，企業，会計事務所(監査事務所)，そして行政の3点セットで，ポスト・エンロンの新しい会計の世界，つまり，エンロン後のアメリカ会計社会はどう変化するのであろうかという問いかけが行われたのである。そして，出された結論が，会計と監査とコーポレート・ガバナンスの3点セットが有効に機能していなければ，証券市場ないし会計監査は成立しない，という結論であったと理解できるのである。

　本書でここまで検討してきた会計プロフェッションの職業倫理の問題は，ある意味では，数多くある問題点の1つに過ぎない。しかしながら，実は，職業倫理は，今後のポスト・エンロンの会計の世界を考えるに当たって，相対的に非常に大きな問題をはらんでいるのである。

　なぜ，それほどに大きな問題をはらんでいるのか。それは，例えば次のような事例を考えてみれば明らかであろう。

　わが国の場合，近年，会計監査が非常に厳格なものとなったとの評が，マスコミ等でなされている。その最も象徴的な出来事は，平成15(2003)年5月末に起きた「りそな銀行」における監査判断に係る問題だったのではないであろうか。その背景には，監査環境がより一層厳しくなり，かつ，多様化する中での会計事務所ないし監査事務所は，従来とはかなり異なった姿勢でクライアント(被監査会社)とのコミュニケーションを図っていることがあるの

ではないかといわれている。

例えば，繰延税金資産の金額について，会社と監査人の意見が食い違い，会社が監査人の意見に従った訂正を財務諸表に施さないことから，限定意見または不適正意見の監査報告書を会社が受け取った場合，監査人の意見というものは，本当に絶対的なものと解されなければならないのであろうか。

誤解を恐れずにこれに対する解答を示すとするならば，**監査意見は絶対でなければならないという役割ないし性質を担っている**，ということである。基本的に，現在の制度の中においては，この監査結果すなわち監査報告書に対して，その利用者は，すべて無批判的，盲目的にその結論に従わざるを得ない環境にあるといえるのである。敢えていうならば，商法特例法の監査にあっては，監査人を選択するという視点で株主総会の役割(すなわち，株主は最終的に会計監査人の選解任権を有していること)があるかもしれないが，証券取引法の監査にあっては，利害関係者と称される監査結果の主たる利用者である投資家，株主が監査人の選解任に際して参加する余地は全くないのである。そして，監査人が出した結論に対しては反論を加えることすらできない。このような絶対的な状況に置かれているのが現実の姿なのである。当然ながら，監査人は，そのときの結論を出すスタンスは，あくまでも，パブリック・インタレスト(Public Interest；公共の利益)を守るという崇高な役割を担い，かつ，公認会計士だけに与えられた独占的な業務を行う監査権限を担っているのである。そして，社会的な制度として容認されているという状況を踏まえて，自らの意見を述べるのである。

それでは，なぜそのようなことが許されているであろうか。これは大変に恐ろしいことである。特に「りそな銀行」の場合には，監査人が出した結論によって，継続企業として維持すべき自己資本比率を下廻ったことにより，2兆円弱の公的資金の投入がなされることとなったが，そのような強大な権限が民間レベルの公認会計士，監査人に果たして与えられているのかという議論があったようである。しかし，これは少々議論のすりかえであって，公認会計士，監査人は，そのような自己資本に係る規制といった別枠での制裁

（サンクション）を念頭に監査意見の表明を行っているのではない。現行の金融制度がそのように規定しているだけであるが，残念ながら，こうした制度の欠陥が，結果として，監査人を追い詰めたり，苦しめてしまう状況にあることは否めないであろう。

おそらく，わが国の証券取引法の場合，不適正意見を出すことはほとんどないと思われる。それは，現行のいわゆる上場基準でいくと，不適正意見が公表された企業にあっては株券上場廃止基準に抵触してしまうからである。したがって，その段階で上場廃止と同列の扱いを受けてしまうのである。このように，監査結果以外の別枠での制裁を与えてしまうことの意味を不適正意見は持っている状況にあるため，監査人としては，不適正意見を表明することに対する負担に耐え切れない場合も想定されるのである。監査制度の草創期には，そのような状況は見られた。そうであっても，昭和30年代，40年代初頭までの歴史を振り返れば，おおよそ見当がつくであろうが，当時の監査人はそうした事態を恐れ，あるいは，それを避けるために，多くの事案で意見差し控え監査報告書を書いていたといわれている。

しかし，新しい制度，新しい基準の中では，意見の差し控えという表現はなくなり，意見の表明をしないという表現に代わっているが，この意見を表明しないという場面は，新しい監査基準ではかなり限定的であることから，今後，実務的には，このような場面は極めて少なくなるものと思われる。

このように，監査人は，非常に厳しい環境の中で監査意見を述べなければならない。加えて，ますます監査人の意見が絶対的ともいえるほどの大きな意味を有することになっていくものと解される。

また，「なぜそのようなことが許されているのか。」という問いに対する答えとしては，監査を独占的に担っている会計プロフェッションにあっては，その自主規制の中における職業倫理について十分に身をもって体現している，という社会的評価を得ているからに他ならない，ということができよう。

かかる理由以外によって，例えば，法に準拠していることや，規則に則っているという理由のみでは，社会の人々は公認会計士，監査人に対して絶対

的な権限を付与するとは思われない。したがって，公認会計士には，一般人とは異なる，より高い水準の倫理観または行動規範への準拠が必要不可欠なのである。

　その意味で，倫理の領域というものは，実は単なるお題目とかお心得という問題ではなく，より現実的な議論の中で話をしていかなければならない問題である，といえるであろう。

　高度な職業倫理の要請に応え，研鑽を積まないのであれば，決して会計プロフェッションと名乗ることはできないということを肝に銘ずべきであろう。

　このように，公認会計士にあっては他の専門職業とは比べものにならないほど，職業倫理の有する意味は重く，こうした状況をすべての会計プロフェッションが正しく認識し，かつ，実践していくことが強く求められているのである。

ディスカッションのための指針　　付録1

問題 I

(a) 制度上の規定

当時：
◆ 独立性違反ではないため，罰則はない。

現状：
◆ 独立性規則違反となる。（企業改革法違反）

> ＊わが国の場合：
> ◆ 公認会計士法第2条第2項業務の禁止規定により，そもそも同時提供ができない。ただし，逆に，監査業務のみに依存しているという点で，大規模クライアントへの依存問題は大きいといえよう。

(b) 職業倫理問題としての検討事項

個人として：
✓ MASの顧客であることと，監査業務との意識の区別
✓ 監査のクライアントに対して営業に走っていないか。

事務所・法人として：
✓ 事務所・法人全体として，MASへの依存度をどの程度までに抑えるか。（業務範囲および程度の問題）
✓ 1クライアントに対するMASの偏重がないか。
✓ 事務所・法人において，監査部門とMAS部門との間でのファイア・ウォールが設けられているか。審査に対して，影響はないか。
✓ 事務所内における内部の監視監督機構は機能しているか。

問題 II

(a) 制度上の規定

当時：
◆ 会計基準違反ではないため，会計基準準拠性の観点からは把握できない。

現状：
◆ SPE も連結範囲に含まれるため，SPE の取引も監査対象となる。

> ＊会計基準準拠性だけが，適正性の要件なのか，という疑問（いわゆる「実質判断」の問題）

(b) 職業倫理問題としての検討事項

個人として：
- ✓ 急速に成長を遂げ，取引手法やビジネスモデルが従来にないものであり，CEO の力が相対的に強い企業について，現場の監査人として，より慎重な監査計画，判断が求められたのではないか。
- ✓ SPE について，同業他社が，オフバランスの利用目的で利用しているとしても，行き過ぎやリスクの存在を認識できなかったか。
- ✓ 事務所内で，リスクが把握されていた際に，それをどういう形で監査計画や監査判断に反映させることができるか。

事務所・法人として：
- ✓ 事務所内において，エンロンについて認識された，さまざまなリスクをどのように扱う必要があったか。また，その手続や担当部署等が定められ，周知徹底されていたか。
- ✓ エンロンとの契約のリスクとそれに対するパートナーの判断について，批判的にチェックする部署があったか。

問題 Ⅲ

(a) 制度上の規定

当時：
◆ 監査調書の一定期間の保存は監査基準に定められている。

現状：
◆ 上に同じ。

> ＊したがって，この問題は，会計事務所におけるコンプライアンス問題であるといえる。

(b) 職業倫理問題としての検討事項

個人として：
- ✓ 現行の関係法規および基準について熟知しているか。
- ✓ コンプライアンスに反するような，上司の指示に対して，どのように対応すべきか。
- ✓ 監査業務は，誰のために行っているのか。
- ✓ それでも，事務所内の立場を考えたときに，適切な対応は何だったのか。

事務所・法人として：
- ✓ 現行の関連法規および基準について周知徹底するための機会を作っているか。
- ✓ 事務所内にコンプライアンスに関する部署があったか。
- ✓ コンプライアンスに問題のある状況への対処方法の規程，あるいは，内部告発を保護するシステムがあったか。
- ✓ 日頃から，上司の指示が絶対であるという風土がなかったか。それを防ぐにはどうしたらよいのか。
- ✓ 最終的に，かかる行動は，事務所にどのような影響を及ぼしたのか。

エンロン・アンダーセン問題の経緯　　付録2

年月日	事件の推移
1985-1986年	エンロン創立（「ヒューストン・天然ガス」と「インターノース」との合併による）；会長兼CEOはケネス・レイ氏
1989年	エンロン，天然ガス事業開始
1996年	エンロン，ジェフリー・スキリング氏が社長兼COOになる
1999年	アンダーセンの会計士カール・バス氏が，エンロンの会計手法について疑念を表明
8月	エンロン，石油ガス生産事業を休止
10月	エンロン，「エンロン・オンライン」（インターネットによる電力卸売事業）を開始
2000年8月	エンロン，最高株価（$90.56）を記録
2001年2月5日	アンダーセン，エンロンとの監査契約を維持すべきかどうかに関する事務所内会議を開催 マイケル・ジョーンズ氏のメモによれば，監査に係るリスク，将来発生する可能性のあるエンロンとの対立，およびヒューストン事務所がいかなる意思決定に際しても事前に本部事務所と協議する必要があることについて議論された
12日	エンロン，ジェフリー・スキリング氏が，社長兼CEOに。ケネス・レイ氏は，会長職にとどまる
4月	エンロン，社内顧問弁護士ジョーダン・ミンツ氏は，パートナーシップについての独立的な検証を要求。同氏は，かかる要求が拒否されたことから，そうしたパートナーシップの利用に反対
5月	副会長クリフォード・バクスター氏，エンロンのパートナーシップ取引の「不適切さ」に不満を表明。後日，辞任
8月14日	エンロン，ジェフリー・スキリング氏辞任。ケネス・レイ氏再びCEOに
15日	エンロン，ケネス・レイ氏がシャロン・ワトキンス女史から警告メモを受け取る
20-21日	エンロン，ケネス・レイ氏が，エンロンの93,000株を売却し，200万ドルの利益を得る。同時に，社員に対して，自社株購入を促す

付　録

8月21日	アンダーセン，監査担当パートナーのジェームズ・ヘッカー氏が，ワトキンス女史の示した懸念について，デビッド・ダンカン氏ほかのアンダーセンの監査人にメモを送る
10月12日	アンダーセン，ナンシー・テンプル女史がアンダーセンの文書保持方針について，メモを送る
16日	エンロン，第1四半期の損失を報告し，アンドリュー・ファストウ氏によって企てられたパートナーシップの取引に関する問題で，12億ドルの株主価値の減少になることを開示
17日	SEC，エンロンに対して，損失に関する追加情報の提供を要請。アンダーセンのパートナーもSECとの協議に参加 エンロン，法により30日間加入者の投資を固定している年金管理者を変更
22日	エンロン，SECの調査を受けていることを公式に認める
23日	アンダーセン，後に司法省から告発されることとなった，エンロン関連の文書の廃棄を加速させる
11月8日	アンダーセン，SECから召喚状を受ける エンロン，97年までさかのぼり純利益6億ドルの減額訂正
9日	アンダーセン，ダンカン氏のアシスタントであるシャノン・アドロング女史が，文書の断裁を止めるよう，秘書およびアシスタントにe-mailを送る エンロン，ダイナジー社への身売りを発表
28日	ダイナジー社がエンロンのディスクロージャーの欠陥に係る問題が多過ぎるとして，買収を白紙撤回 それを受けて，エンロンの社債がジャンク債に格下げ
12月2日	エンロン，連邦破産法第11章の適用を申請
3日	アンダーセン，拡大ピア・レビューを受けることに同意
4日	Big5のCEOがエンロン問題についての共同声明 AICPAがエンロン問題および監査の品質に関する会員向け声明
2002年1月11日	アンダーセン，エンロン関連文書の断裁を認める
16日	アンダーセン，エンロン担当のダンカン会計士を解雇 AICPAが，エンロン問題への対応について声明
17日	エンロン，アンダーセンとの監査契約を解消
29日	アンダーセンを相手取った株主代表訴訟が提訴される
2月2日	エンロン，簿外取引の社内調査結果発表，アンダーセンの監査を非難

	3日	アンダーセン，ボルカー前FRB議長に業務改革策作成を依頼
	14日	アンダーセン，最大のクライアント(サントラスト銀行)との契約を失う。以後，クライアントの流出が相次ぐ
	21日	アンダーセン，株主代表訴訟について8億ドルの和解を申し出る
3月11日		ボルカー氏，監査業務以外の完全分離をアンダーセンに勧告
	14日	アンダーセン，司法妨害罪で起訴される
	18日	連邦政府，アンダーセンを新規の政府契約業務から除外
	22日	ボルカー氏，アンダーセン経営陣刷新を提案
	27日	アンダーセンのジョセフ・ベラディーノ氏がCEO辞任
	28日	アンダーセン，監査業務特化のボルカー提案の支持を発表
4月4日		アンダーセン，KPMGとデロイト・トッシュとの間で事務所の業務等の一部の委譲契約を結ぶ
	8日	アンダーセン，7000人解雇計画を発表
	10日	ダンカン氏，文書破棄の違法性を認め検察と司法取引
	25日	アンダーセンとの司法省の和解交渉が決裂
5月6日		アンダーセン，司法妨害罪の初公判
	13日	デビッド・ダンカン氏，アンダーセンの弁護士ナンシー・テンプル女史がエンロン関連書類の破棄のために努力したことを証言
	21日	陪審員が，事務所の正規の方針により文書類が破棄されることは「問題ない」とするアンダーセンのパートナーの発言のある研修ビデオを閲覧した翌日に，訴訟が提起された
6月6日		アンダーセン問題について，陪審団が討議開始
	15日	アンダーセンに対して，陪審団が有罪評決 アンダーセン，本年8月末日をもってSEC管轄下の監査業務の全面停止を表明(SECは，このエンロン問題を継続調査することを表明)
	25日	アンダーセン，先に下された陪審団の有罪評決の棄却を求める法的手続をとったことを表明
	17日	アンダーセン，陪審員の評決に対して控訴を表明
8月31日		アンダーセン，実質的に89年の歴史の幕を閉じる
10月16日		司法妨害罪で起訴されていた訴訟で，ヒューストン連邦地裁はアンダーセンに対して，罰金50万ドルと5年間の保護監察処分を科す判決を下した

付　録

エンロン後のアメリカにおける制度改革等の略年表　付録3

年月日	機関等	出　来　事
2001年 12月2日	(エンロン)	エンロン社が連邦破産法第11章の適用申請により破綻
2002年 1月17日	SEC	ハーベイ・ピット委員長の声明 "Regulation of Accounting Profession" において，POBを批判(SEC管轄下の会計事務所の自主規制機関設立構想発表)。これを受け，POBは3月31日に解散
3月7日	ブッシュ大統領	10項目の投資家保護策を提案
7月	(ワールドコム)	巨額の粉飾の発覚によりワールドコム社経営破綻
7月30日	ブッシュ大統領	7月25日に上・下院が可決した「企業改革法案」に署名し，同法(通称，「2002年サーベインズ＝オックスリー法」)*を成立させた
8月14日	SEC	12億ドル超の売上高の米企業947社(実際対象企業942社)に対して提出を求めていた「決算書の正確さを保証する経営者の宣誓書」の提出期限。なお，7月14日提出期限となる企業約700社を含め，761社が提出(期限内未提出企業11社)
10月15日	AICPA (ASB)	SAS　No.99「財務諸表監査における不正の検討」公表
10月25日	SEC	公開会社会計監視委員会(PCAOB)の委員長と他の4名の委員を任命(なお，ウェブスター委員長は，11月12日辞表提出)
12月10日	ブッシュ大統領	第27代SEC委員長にウィリアム・H.ドナルドソン氏を指名(2003年2月18日正式就任，任期は2007年6月5日迄)
2003年 4月15日	SEC	PCAOBの委員長として，ニューヨーク連邦準備銀行総裁のウィリアム・J.マクドナー氏を指名することを全会一致で決議
4月17日	SEC	監査基準設定権限を有するPCAOBの中心的役割を担う初代主任監査官にニューヨーク州立大学のダグラス・R.カーマイケル教授を任命
10月22日	PCAOB	598の会計事務所から提出された公開企業監査実施のための要件である登録申請を検討し，承認を行った

*「企業改革法」の正式名称　"Act to protect investors by improving the accuracy and reliability of corporate disclosures made pursuant to the securities laws, and for other purposes"(証券諸法に準拠し，かつ，その他の目的のために行われる企業のディスクロージャーの正確性と信頼性の向上により投資家を保護するための法)
【英語略称解説】
AICPA(アメリカ公認会計士協会)，ASB(監査基準審議会)，PCAOB(公開会社会計監視委員会)，POB(公共監査審査会)，SAS(監査基準書)，SEC(連邦証券取引委員会)

会計士等の職業倫理に関する大学生の意識調査　付録4

国際会計教育協会

> 以下のアンケートは，今後の会計教育の発展のために，本協会よりお願いいたしました先生方のご協力を得て，全国の大学および大学院において会計学関連科目を受講する学生に対して実施するものです。回答は無記名で行われますし，本アンケートの結果が，他の目的に利用されることは一切ありません。何卒，ご協力ください。

以下の質問にお答えください。

1．あなたの学年（在籍）　（当てはまるもの<u>いずれか1つ</u>の番号に○を付けてください。）

　① 学部1年　　② 学部2年　　③ 学部3年　　④ 学部4年以上
　⑤ 大学院修士（博士前期）課程　　⑥ 大学院博士（博士後期）課程

2．あなたの所属学部・学科または研究科　（最も当てはまるもの<u>いずれか1つ</u>の番号に○を付けてください。なお，学科がある場合には学科を優先してお答えください。）

　① 商学・経営　　② 経済学　　③ 法学　　④ 教育学
　⑤ 文学　　　　　⑥ 医学　　　⑦ 理学・工学等　　⑧ その他

3．このアンケートを実施してる講義の種類　（最も当てはまるもの<u>いずれか1つの番号</u>に○を付けてください。「⑩その他」の場合には具体的な講義名をご記入ください。）

　① 会計学（原理）または会計学総論等　　② 簿記（論）または簿記原理
　③ 財務会計または財務諸表論　　　　　　④ 管理会計（論）または原価計算（論）
　⑤ 会計監査　　　　　　　　　　　　　　⑥ 国際会計（論）
　⑦ 税務会計論　　　　　　　　　　　　　⑧ 財務（管理）論またはファイナンス論
　⑨ 経営分析，財務諸表分析または企業評価論　　⑩ その他 ＿＿＿＿＿＿

付　録

4．次の職業の中で，高い倫理観が求められるのは，どの職業だと思いますか？
　　高い倫理観が求められる順に，3つ番号でお答えください。
　　（「⑮その他」を挙げる場合には，具体的に職業名もご記入ください。）

① 医者　　　　　　　　　　　　② 法曹（弁護士・裁判官・検察官）
③ 公認会計士　　　　　　　　　④ 国家公務員（官僚）
⑤ 教員　　　　　　　　　　　　⑥ 消防士
⑦ 警察官　　　　　　　　　　　⑧ 政治家
⑨ マスコミ関係者　　　　　　　⑩ 農林水産業従事者
⑪ 食品事業者　　　　　　　　　⑫ 会社経営者
⑬ パイロット，電車・タクシーの運転手等　　⑭ 学者
⑮ その他
　◆ 1番高い倫理観が求められる職業：　　　　　　　　
　◆ それに次いで2番目に高い倫理観が求められる職業　　　　　　　　
　◆ それに次いで3番目に高い倫理観が求められる職業　　　　　　　　

5．上記4の職業の中で，実際に最も高い倫理観を保持していると考えられのは，どの職業だと思いますか？　高い倫理観を保持していると考えられる順に，3つ番号でお答えください。
　　（「⑮その他」を挙げる場合には，具体的に職業名もご記入ください。）

　◆ 1番高い倫理観を保持していると考えられる職業：　　　　　　　　
　◆ それに次いで2番目に高い倫理観を保持している
　　と考えられる職業　　　　　　　　
　◆ それに次いで3番目に高い倫理観を保持している
　　と考えられる職業　　　　　　　　

6．公認会計士の倫理観についてお尋ねします。公認会計士に高い倫理観が求められるのは，どのような場合でしょうか。　（最も適切だと思うものいずれか1つの番号に○を付けてください。「⑤その他」を選んだ場合には，具体的にお書きください。）

① 監査に従事している場合のみ求められる。
② 監査を含む会計関連業務に従事している場合は常に求められる。
③ 公認会計士の資格を有する間は常に求められる。

④ とくに求められるとは思わない。
⑤ その他 ＿＿＿＿＿＿（具体的にお書きください。）

7．昨今，企業破綻に関連した不正な財務報告が問題となっていますが，その原因は，誰にあると思いますか。（最も適切だと思うもの<u>いずれか１つ</u>の番号に○を付けてください。）

① 経営者　　② 監査人(公認会計士)　③ 監査役　　④ 内部監査人
⑤ 従業員　　⑥ 規制当局　　　　　　⑦ 株主　　　⑧ メインバンク
⑨ その他 ＿＿＿＿＿＿（具体的にお書きください。）

8．企業の不正な財務報告に関して，監査人(監査に関わる公認会計士)の倫理観に問題があったとすると，その最大の原因は何だと思いますか。（最も適切だと思うもの<u>いずれか１つ</u>の番号に○を付けてください。「⑨その他」を選んだ場合には，具体的にお書きください。）

① 監査を受ける企業(またはその企業の経営者)との間に，何か特別な関係があった(はずだ)。
② 監査人が監査報酬を企業から受け取っていることに原因がある。
③ 社会全体として，倫理観が低下してきていることに原因がある。
④ 個々の監査人の問題として，倫理観が欠如していた。
⑤ 公認会計士試験が知識偏重になっていることに原因がある。
⑥ 公認会計士業界に競争がないことに原因がある。
⑦ 公認会計士に対する教育に原因がある。
⑧ 大学その他の教育機関における教育に原因がある。
⑨ その他 ＿＿＿＿＿＿＿＿＿＿＿＿＿＿＿＿＿＿＿＿

アンケートは以上です。　ご協力ありがとうございました。

倫理規則

資料1

制定 昭和41年12月１日
改正 昭和43年６月21日
改正 昭和50年６月26日
改正 昭和60年７月４日
改正 平成８年７月４日
改正 平成12年７月６日
改正 平成15年12月２日
改正 平成16年７月６日
改正 平成18年２月16日
改正 平成18年12月11日
改正 平成19年12月10日
改正 平成22年７月７日
最終改正 平成26年７月９日

倫理規則の趣旨及び精神

　会員及び準会員（以下「会員」という。）は，会則第40条の定めにあるとおり，監査及び会計に関する職業的専門家として，独立した立場において，財務書類その他の財務に関する情報の信頼性を確保することにより，会社等の公正な事業活動，投資者及び債権者の保護等を図り，もって国民経済の健全な発展に寄与することを使命とする。また，その使命を自覚し，達成に努めなければならない。

　会員の使命は，上述のとおり，国民経済の健全な発展に寄与することとされており，個々の依頼人や雇用主の要請を満たすだけでは，社会から期待された責任を果たすことはできない。

　日本公認会計士協会（以下「本会」という。）は，会員がその社会的役割を自覚し，自らを律し，かつ，社会の期待に応え得るよう，その職責を果たすために遵守すべき倫理の規範として，ここに倫理規則を定める。

　会員は，倫理規則の定めるところやその趣旨に注意を払い，これを遵守して行動しなければならず，倫理規則に定められていない事項についても，その制定の趣旨を正しく理解して行動しなければならない。

職業倫理の規範体系について

　会員が遵守すべき倫理に関する事項は，会則第40条から第43条までに定められており，この倫理規則は会則第43条に基づき定めたものである。

　倫理規則は，倫理規則注解並びに「独立性に関する指針」及び「利益相反に関する指針」と一体として理解されなければならず，全体として国際会計士連盟（International Federation of Accountants: IFAC）国際会計士倫理基準審議会（The International Ethics Standards Board for Accountants: IESBA）が公表している倫理規程（Code of Ethics for Professional Accountants）に対応するものである。倫理規則（注解を含む。以下同じ。）並びに「独立性に関する指針」及び「利益相反に関する指針」の解釈に当たっては，Q＆A形式でまとめた「職業倫理に関する解釈指針」を斟酌するものとする。

　倫理規則は三つの章で構成され，第1章では，会員が遵守しなければならない基本原則，及び基本原則を遵守するために適用しなければならない概念的枠組みアプローチ等について定めている。第2章及び第3章では，特定の状況において，どのように概念的枠組みアプローチを適用するかについて定めている。

　具体的には，第2章及び第3章では，基本原則の遵守を阻害する要因に対処するために適切と考えられるセーフガードの例示，及び適切なセーフガードが存在しないため，当該阻害要因を生じさせる状況又は関係を回避しなければならない場合について定めている。

第2章は会計事務所等所属の会員に適用し，第3章は企業等所属の会員に適用するが，第3章の特定の状況が，会計事務所等所属の会員にも当てはまる場合がある。会員は，公認会計士法等の法令等によって定められた職業倫理及び独立性に関する規定を当然に遵守しなければならず，解釈に当たっては，公認会計士法における独立性に関する規定の解釈を示した「独立性に関する法改正対応解釈指針」を斟酌するものとする。

　これらの規定等の関係については，別表「職業倫理の規範体系」において図示している。

第1章　総　則

(目　的)
第1条　この規則は，会則第43条の規定に基づき，会員が遵守すべき倫理に関する事項を定める。
2　会員は，この規則の解釈に関して疑義が生じた場合，又はこの規則に規定されていない事項で倫理に関して疑義が生じた場合は，本会に相談することができる。

(基本原則の遵守)
第2条　会員は，専門業務を実施するに際し，次条から第7条までに定める基本原則(以下「基本原則」という。)を遵守しなければならない。

(基本原則1　誠実性の原則)
第3条　会員は，常に誠実に行動しなければならず，次のような報告その他の情報であると認識しながら，その作成や開示に関与してはならない。
一　重要な虚偽又は誤解を招く陳述が含まれる情報
二　業務上必要とされる注意を怠って作成された陳述又は情報が含まれる情報
三　必要な情報を省略する又は曖昧にすることにより誤解を生じさせるような場合において，当該情報を省略する又は曖昧にする情報
2　会員は，前項各号の情報が含まれていることを知ることになった場合には，当該情報への関与を速やかに中止しなければならない。

注解1　(第3条)
1　誠実性とは，公平であること及び正直であることも意味する。
2　会員は，規則第3条第1項各号の情報が含まれていることを知ることになった場合に，確実に情報を修正するよう適切な対応をとるならば，誠実性の原則に反していることにはならない。

(基本原則2　公正性の原則)
第4条　会員は，職業的専門家としての判断又は業務上の判断を行うに当たり，先入観をもたず，利益相反を回避し，また他の者からの不当な影響に屈せず，常に公正な立場を堅持しなければならない。

2 会員が直面する状況又は関係が，先入観や利益相反を生じさせ，会員の職業的専門家としての判断に不当な影響を与える場合，会員は専門業務を提供してはならない。

> **注解2（第4条）**
> 公正な立場を堅持することは，業務上の判断における客観性の保持を求めるものであり，専門業務の目的の妥当性，専門業務を実施するに当たって裁量すべき事項の選定や判断において先入観のないこと，さらに，これらの判断についての適正性が他の者により検証し得ることを含む。

（基本原則3　職業的専門家としての能力及び正当な注意の原則）
第5条　会員は，適切な専門業務を依頼人又は雇用主に提供できるよう，職業的専門家としての能力を必要とされる水準に維持しなければならない。
2　会員は，専門業務を提供するに当たって，適用される職業的専門家としての基準及び技術的基準を遵守し，職業的専門家としての正当な注意を払わなければならない。
3　会員は，当該会員の指示の下で業務を行う者が専門業務を実施するに当たって，適切な訓練及び監督を受けていることを確認しなければならない。
4　会員は，専門業務に存在する固有の限界につき，必要に応じて，専門業務の依頼人，雇用主及びその専門業務の利用者に説明し，理解を得なければならない。

> **注解3（第5条）**
> 1　会員は，職業的専門家としての能力を正しく発揮し，専門業務を実施することが求められている。職業的専門家としての能力には，専門的な知識と技術が含まれ，次の二つの段階に分かれる。
> 一　職業的専門家としての能力の習得
> 二　職業的専門家としての能力の維持
> 2　職業的専門家としての能力を維持するには，専門業務に関連する最新の専門的な実務の動向を絶えず把握し理解する必要がある。会員は，その能力を絶えず錬磨することによって，職業的専門家としての専門業務を実施する能力を高め，維持することができる。
> 3　職業的専門家としての正当な注意には，職業的専門家としての基準及び技術

的基準に準拠して，提供する専門業務に求められる内容に従い，注意深く，適切に，かつ適時に専門業務を提供するという責任が含まれている。

（基本原則4　守秘義務の原則）
第6条　会員は，正当な理由なく，業務上知り得た情報を他の者に漏洩し，又は自己若しくは第三者の利益のために利用してはならない。
2　会員は，業務上知り得た情報を利用しているのではないかという外観を呈することがないよう留意しなければならない。
3　会員は，日常の社会生活においても第1項に定める義務（以下「守秘義務」という。）を負い，特に業務上の関係者又は家族若しくは近親者への意図や違反の自覚がないことによる情報漏洩には十分留意しなければならない。
4　会員は，潜在的な依頼人や雇用主から得た情報についても守秘義務を負う。
5　会員は，会員の監督下にある職員等及び会員の求めに応じて助言・支援を行う者に対しても守秘義務を遵守させる義務を負う。
6　守秘義務は，会員が会計事務所等を退所し，依頼人又は雇用主との関係が終了した後も解除されない。
7　会員は，その所属する組織内部において，適切に情報管理を行わなければならない。会員が所属する組織を変えた場合や，新規顧客を獲得した場合に，以前の経験を活かすことは否定されないが，業務上知り得た情報を利用したり漏洩したりしてはならない。
8　会員の守秘義務が解除される正当な理由があるときは，次のような場合である。
　一　守秘義務の解除が法令等によって許容されており，かつ依頼人又は雇用主から了解が得られている場合
　二　守秘義務の解除が法令等によって要求されている場合
　　イ　訴訟手続の過程で文書を作成し，又は証拠を提出するとき。
　　ロ　法令等に基づく，質問，調査又は検査に応じるとき。
　　ハ　法令等に基づき，法令違反等事実の申出を行うとき。
　三　守秘義務の解除が法令等によって禁止されておらず，かつ，職業上の義務又は権利がある場合
　　イ　訴訟手続において会員の職業上の利益を擁護するとき。
　　ロ　本会の品質管理レビューに応じるとき。
　　ハ　会則等の規定により本会からの質問又は調査に応じるとき。

ニ　監査人の交代に際し，監査業務の引継ぎを行う等，監査の基準及びこの規則等に基づくとき。
9　会員は，守秘義務が解除され，情報を開示することが必要かを判断するに当たり考慮すべき点には，次のものが挙げられる。
　　一　情報を開示するに当たり，依頼人又は雇用主から了解が得られている場合でも，第三者も含めた利害関係者の利益が不当に損なわれるおそれがないかどうか。
　　二　開示する情報が，会員の知る限りにおいて，明確であるかどうか。
　　三　情報を開示する相手が，伝達先として適切かどうか。
　　四　情報を開示する伝達方法が適切かどうか。
第二号の考慮に当たっては，不確かな事実，不完全な情報又は根拠のない結論を含むような場合には，どのような情報を開示するかについて，職業的専門家として判断しなければならない。

注解4　（第6条）
　業務上知り得た情報とは，会員が，会計事務所等，雇用主及び依頼人から知り得た情報並びに専門業務を行うことにより知り得たその他の会社等の情報をいう。

（基本原則5　職業的専門家としての行動の原則）
第7条　会員は，常に職業的専門家としての自覚を持ち，また，職業的専門家としての基準及び法令等を遵守し，いやしくも会員全体の信用を傷つけ，又は不名誉となるような行為を行ってはならない。
2　会員は，自己及び自己の専門業務に関し，専門業務の開発や外部への宣伝をする際に，会員としての評判を損なうようなことをしてはならない。
3　会員は，正直かつ誠実でなければならず，誇張した宣伝及び他の者と自己との根拠のない比較をしてはならない。

注解5　（第7条）
　職業的専門家としての信用を傷つけるような行動には，事情に精通し，合理的な判断を行うことができる第三者が，その時点で知り得る事実及び状況を全て考量して，会員全体の信用を傷つけると判断するような行動が含まれる。

(概念的枠組みアプローチ)
第8条 会員は，基本原則を遵守するために，次の概念的枠組みアプローチを適用しなければならない。
　一　基本原則の遵守を阻害する要因を認識する。
　二　認識した阻害要因の重要性の程度を評価する。
　三　基本原則の遵守を阻害する要因の重要性の程度が，許容できる水準ではないと評価された場合，セーフガードを適用して，阻害要因を除去するか，又はその重要性の程度を許容可能な水準にまで軽減しなければならない。
　四　阻害要因の重要性が余りに重大か，阻害要因に対しセーフガードを適用することができない場合，専門業務を辞退するか，又は必要に応じて，依頼人との契約を解除するか，若しくは雇用主との関係を終了しなければならない。
2　会員は，基本原則の遵守を損なう可能性がある状況又は関係を認識している場合，若しくは認識していることが合理的に見込まれる場合，基本原則の遵守を阻害する要因の重要性の程度を評価しなければならない。当該阻害要因の重要性の程度を評価する際には，量的要因と質的要因の双方を考慮しなければならない。
3　会員は，概念的枠組みアプローチを適用するに当たっては，職業的専門家としての判断を行使しなければならない。この判断に当たっては，事情に精通し，合理的な判断を行うことができる第三者が，その時点で会員が知り得る個別の事実と状況を全て考量し，セーフガードを適用することにより，阻害要因を除去するか，又はその重要性の程度を許容可能な水準にまで軽減でき，その結果，基本原則の遵守は損なわれないと結論付ける可能性が高いかどうかを勘案しなければならない。
4　会員がこの規則並びに別に定める「独立性に関する指針」及び「利益相反に関する指針」の規定に関する違反を認識した場合，会員は次の事項を評価しなければならない。
　一　当該違反の重要性の程度
　二　基本原則を遵守できるかどうか。
5　会員は，当該違反の影響に対し，速やかに十分な対応策を講じなければならない。
6　会員は，当該会員と支配従属関係にある会社等が実施する専門業務においても，第1項から前項までの規定が適用されることに留意しなければならない。

注解6（第8条）

1 　会員を取り巻く環境は，基本原則の遵守を阻害する様々な要因を生じさせる可能性がある。こうした要因を生じさせる状況を全て定義し，セーフガードを特定することは不可能である。また，専門業務の内容は様々であることから，異なる阻害要因が生じ，異なるセーフガードの適用が必要となる可能性がある。このため，概念的枠組みアプローチを採用することとしている。

　概念的枠組みアプローチを採用することにより，会員が職業的専門家としての社会的役割を自覚し，社会の期待にかなう行動をとる責任を果たすことに役立つ。さらに，基本原則の遵守を阻害する要因を生じさせる多くの異なった環境への対応が必要であることを示すことで，規則において具体的に禁止されていない状況について，会員が安易な判断に陥ることを未然に防ぐことにも役立つ。

2 　会員が，この規則における特定の規定に従うことが明らかに合理的でない，又は公共の利益に資さないといった異例な状況に直面した場合には，本会に相談することが推奨される。

3 　阻害要因は，依頼人や雇用主との様々な関係や状況から生じる可能性がある。ある関係又は状況から阻害要因が生じる場合，当該阻害要因は会員の基本原則の遵守を危うくし，又は危うくすると考えられる。特定の状況又は関係により，複数の阻害要因が生じることがあり，特定の阻害要因が複数の基本原則の遵守に影響することがあり得る。多くの阻害要因は次のいずれかに該当する。

一　自己利益

　金銭的その他の利害を有していることにより，会員の判断又は行動に不当な影響を与える可能性があること。

二　自己レビュー

　会員が専門業務を行うに当たって，当該会員自身又は当該会員が所属する会計事務所等若しくは所属する組織の他の者が過去に行った判断，又は提供した業務の結果に依拠し，それらを適切に評価しない可能性が生じること。

三　擁護

　会員が，専門業務の実施上，その客観性が損なわれるほど，依頼人又は所

属する組織の立場を擁護すること。
　　四　馴れ合い
　　　　会員が，依頼人又は雇用主と長期又は密接な関係をもち，会員がそれらの者の利益に過度にとらわれること，若しくはそれらの者の業務を安易に受け入れること。
　　五　不当なプレッシャーを受ける脅威
　　　　現実に生じているプレッシャー又は潜在的なプレッシャーにより，会員が不当な影響を受け，公正に行動できなくなること。
　　　　なお，会計事務所等所属の会員の業務環境に存在する阻害要因を生じさせる状況及び関係を付録1に，企業等所属の会員の業務環境に存在する阻害要因を生じさせる状況及び関係を付録3に例示している。
4　このような阻害要因を除去するか，又はその重要性の程度を許容可能な水準にまで軽減する行為又は手段が，セーフガードである。セーフガードは，次の二つに大別できる。
　　一　本会又は法令等により設けられたセーフガード
　　二　業務環境におけるセーフガード
5　本会又は法令等により設けられたセーフガードには，次のものが含まれる。
　　一　資格を取得するための教育，訓練及び経験
　　二　継続的専門研修制度
　　三　企業統治に関する法令等
　　四　職業的専門家としての基準
　　五　本会又は規制当局による監視と懲戒制度
　　六　会員が作成した提出書類に対する公的機関等による外部の検証
6　業務環境とは，会員が所属する会計事務所等若しくは企業等が設定する内部統制，所属する組織の風土，適用を受ける規則又は会員が専門業務若しくは職務を履行する環境をいう。なお，会計事務所等所属の会員の業務環境におけるセーフガードを付録2に，企業等所属の会員の業務環境におけるセーフガードを付録4に例示している。

（基本原則間の相反する状況又は関係の解消）
第9条　会員は，基本原則間の相反する状況又は関係を認識した場合には，その相反する状況又は関係を速やかに是正するために，セーフガードを適用しなければ

ならない。
2 　基本原則間の相反する状況又は関係が，ある組織に関連する，又は組織内でのものである場合，会員はその組織の監査役等と協議すべきかどうかを判断しなければならない。
3 　いかなる対応を行っても基本原則間の相反する状況又は関係を解消することができない場合，会員は当該状況又は関係を生じさせる事項への関与を可能な限り回避しなければならない。このような場合，業務チーム若しくは特定の任務から離脱するか，又は専門業務，会計事務所等若しくは所属する組織と関係を絶つことが適切かを判断しなければならない。

注解7　（第9条）
1 　基本原則間の相反する状況又は関係とは，ある基本原則を遵守するためにとる行動が，他の基本原則の遵守を損なわせるような状況又は関係をいい，会員は，当該状況又は関係を解消しなければならない場合がある。例えば，会員が不正行為を発見したときに，誠実性の原則を遵守するためにその行為を通告することが，守秘義務の原則の遵守の違反となる場合等が考えられる。
2 　基本原則間の相反する状況又は関係を解消するときには，次の事項を個別に又は総合的に検討する。
　一　関連する事実関係
　二　該当する倫理上の問題
　三　問題となる事項に関連する基本原則
　四　職業倫理に関し定められた内部手続
　五　代替的な手続
3 　基本原則間の相反する状況又は関係を自ら解消することができない場合，会員は，所属する会計事務所等又は組織の適切な者に，解消のための協力を求めることが考えられる。
4 　会員は，問題の内容，行った協議の内容及び問題に関する決定事項を記録しておくことが望ましい。
5 　重要な基本原則間の相反する状況又は関係を自ら解消することができない場合，会員は，本会に相談すること又は法律専門家から助言を受けることが考えられる。一般的に，次の場合には守秘義務の原則の遵守を阻害する要因を生じさせることなく，当該問題に関して相談する，又は助言を受けることができ

る。
一　倫理上の問題について実名を伏せて本会に相談するとき。
二　倫理上の問題について守秘義務を課せられている法律専門家と協議するとき。
　　会員が，法律的な助言を受けるかどうかの状況は様々である。例えば，会員が，不正行為を認識した場合に，それを通告することにより守秘義務違反になる懸念がある。会員は，その場合，通告の必要があるかどうか決定するために法律的な助言を受けることを検討することが考えられる。

(監査役等とのコミュニケーション)
第9条の2　会員は，この規則及び別に定める「独立性に関する指針」に従って監査役等とのコミュニケーションを行う際には，特定の状況の内容及びその重要性並びにコミュニケーションを行う事項を考慮し，依頼人又は所属する組織の企業統治の構造に応じて，コミュニケーションを行うのに適した者（特定の者又は監査役等を構成する全ての者）を判断しなければならない。
2　会員は，前項の判断に際し，監査役等を構成する特定の者（例えば，監査役会における監査役）と個別にコミュニケーションを行おうとする場合には，監査役等を構成する全ての者に適切に情報が伝わるように，監査役等を構成する全ての者とコミュニケーションを行うことが必要かどうかを判断しなければならない。

第2章　会計事務所等所属の会員を対象とする規則

(基本原則の遵守)
第10条　会計事務所等所属の会員は，業務，職業又は活動に従事するに当たっては，正当な注意を払い，誠実性，公正性若しくは社会的信頼を損なう又は損なう可能性があると知りながら，当該業務，職業又は活動に従事してはならず，また，従事することによって，結果としても基本原則に反することがあってはならない。なお，業務，職業又は活動に従事するに当たっては，職業的専門家としての能力及び正当な注意の原則に留意しなければならない。

注解8　(第10条)
　この章において，適当でない場合を除き，会計事務所等所属の会員には，会計

事務所等が含まれる。

(概念的枠組みアプローチの適用)
第11条 会計事務所等所属の会員は，概念的枠組みアプローチを適用し，基本原則の遵守を阻害する要因に対処しなければならない。

注解9 （第11条）
1 　会計事務所等所属の会員は，規則第8条の概念的枠組みアプローチを適用するに際し，会計事務所等所属の会員が直面する状況及び関係のうち，基本原則の遵守を阻害する要因を生じさせる又はその可能性があるもの全てについて，規則が説明しているわけではないことに留意する。したがって，会計事務所等所属の会員は規則に記載されている以外の基本原則の遵守を阻害する状況又は関係にも注意を払うことが求められている。
2 　基本原則の遵守を阻害する要因は，広範囲な状況及び関係の中に潜在的に存在し，阻害要因の内容と重要性は，専門業務の提供先が，監査業務の依頼人の場合でその依頼人が大会社等である場合，監査業務以外の保証業務の依頼人である場合，又は非保証業務の依頼人である場合により異なることに留意する。
3 　概念的枠組みアプローチを適用するに際しては，阻害要因の重要性，専門業務の内容又は会計事務所等の組織構成を考慮する。
4 　阻害要因を除去するか又はその重要性の程度を許容可能な水準にまで軽減するセーフガードは，本会又は法令等により設けられたセーフガード，並びに業務環境におけるセーフガードに大別される。さらに，業務環境におけるセーフガードは，次の二つにより構成される。
　一　会計事務所等におけるセーフガード
　二　個々の専門業務におけるセーフガード
5 　個々の専門業務の内容によっては，依頼人が設けたセーフガードを活用することも考えられる。しかしながら，当該セーフガードのみに依拠していては阻害要因の重要性の程度を許容可能な水準にまで軽減することはできないことに留意する。
6 　会計事務所等所属の会員の業務環境に存在する阻害要因を生じさせる状況及び関係を付録1に例示している。

7 本会又は法令等により設けられたセーフガードを注解6（第8条）第5項に例示し，会計事務所等所属の会員の業務環境におけるセーフガードを付録2に例示している。

（専門業務の公正性）
第12条 会計事務所等所属の会員は，専門業務の実施に際して，依頼人又は依頼人の役員及び従業員との間に金銭的又はその他の利害関係がある場合には，公正性の原則の遵守を阻害する要因の有無を判断しなければならない。この場合，当該会員は，公正性の原則を遵守するために概念的枠組みアプローチを適用しなければならない。

2 阻害要因の重要性の程度を許容可能な水準にまで軽減できない場合，会計事務所等所属の会員は当該業務を辞退し，又は契約を解除しなければならない。

注解10（第12条）
1 その他の利害関係とは，例えば，近親者や親密な個人的関係又はビジネス上の関係であり，このような関係がある場合，公正性を阻害する馴れ合いを生じさせることがある。
2 専門業務を提供するに際し，公正性の原則の遵守を阻害する要因が存在するか否かは，個々の専門業務を取り巻く環境及び会計事務所等所属の会員が実施する専門業務の内容に依存する。
3 規則第12条第1項における，概念的枠組みアプローチを適用する際のセーフガードには，例えば次のものが挙げられる。
一 業務チームから外れること。
二 上位者による監督を実施すること。
三 阻害要因を生じさせる金銭的利害関係又はビジネス上の関係を解消すること。
四 会計事務所等内の上級管理者と協議すること。
五 依頼人の監査役等と協議すること。

（独立性）
第13条 会計事務所等所属の会員は，保証業務（監査業務を含む。以下同じ。）を提供する場合，当該保証業務の依頼人から独立した立場を保持しなければならない。

2 会計事務所等所属の会員は，保証業務を提供する際に，依頼人に対する先入観若しくは依頼人と利益相反の関係を有することなく，又は他の者からの不当な影響を受けず，自己の結論を表明すること，また，表明していることに疑問をもたれないことが求められる。このため，精神的独立性及び外観的独立性の双方を保持することが求められる。
3 会計事務所等所属の会員は，保証業務を提供する際に，別に定める「独立性に関する指針」に従って独立性の保持を判断しなければならない。
4 会計事務所等所属の会員は，保証業務の契約を締結又は継続するに際し，独立性を遵守するために概念的枠組みアプローチを適用しなければならない。
5 阻害要因の重要性の程度を許容可能な水準にまで軽減できない場合，会計事務所等所属の会員は，当該業務を辞退し，又は契約を解除しなくてはならない。
6 会計事務所等所属の会員は，監査業務の依頼人との関係において，この規則に定める独立性に関する規定のほか，法令等に定める独立性に関する規定を遵守しなければならない。

注解11（第13条）

精神的独立性及び外観的独立性とは，次のとおりである。
　一　精神的独立性
　　　職業的専門家としての判断を危うくする影響を受けることなく，結論を表明できる精神状態を保持し，誠実に行動し，公正性と職業的専門家としての懐疑心を堅持できること。
　二　外観的独立性
　　　事情に精通し，合理的な判断を行うことができる第三者が，全ての具体的な事実と状況を勘案し，会計事務所等又は監査業務チームや保証業務チームの構成員の精神的独立性が堅持されていないと判断する状況にはないこと。

（新規の依頼人との契約）
第14条 会計事務所等所属の会員は，新規の依頼人と契約を締結する際，基本原則を遵守するために概念的枠組みアプローチを適用しなければならない。
2 阻害要因の重要性の程度を許容可能な水準にまで軽減できない場合，会計事務所等所属の会員は新規の依頼人と契約を締結してはならない。

3 依頼人との契約を更新する場合には，その適否に関する判断を定期的に見直さなければならない。

注解12（第14条）

1 新規の依頼人と契約を締結する際，依頼人の違法行為，不正行為又は不適切な財務報告等への関与により，会計事務所等所属の会員の誠実性又は職業的専門家としての行動の原則の遵守を阻害する要因を生じさせる可能性がある。

2 規則第14条第1項における，概念的枠組みアプローチを適用する際のセーフガードには，例えば次のものが挙げられる。

一 依頼人，株主，経営者及び監査役等に関する情報を収集し理解すること。
二 依頼人から企業統治又は内部統制の改善に関する確約を取り付けること。

（新規の専門業務の契約の締結）

第15条 会計事務所等所属の会員は，新規の専門業務の契約を締結する際，基本原則を遵守するために概念的枠組みアプローチを適用しなければならない。

2 阻害要因の重要性の程度を許容可能な水準にまで軽減できない場合，会計事務所等所属の会員は，新規の専門業務の契約を締結してはならない。

3 専門家を利用する場合，会計事務所等所属の会員は，専門家の評判，能力，利用可能なリソース並びに当該専門家に適用される職業及び職業倫理の基準等を考慮し，当該専門家により行われる業務が適切に実施されるかどうかを検討しなければならない。

注解13（第15条）

1 依頼人と新規の専門業務の契約を締結する際，業務チームが専門業務を適切に実施する能力を有していないならば，職業的専門家としての能力及び正当な注意の原則の遵守を阻害する要因を生じさせる可能性がある。

2 規則第15条第1項における，概念的枠組みアプローチを適用する際のセーフガードには，例えば次のものが挙げられる。

一 依頼人の事業の内容，事業活動の複雑性，専門業務の具体的要件並びに実施する専門業務の目的，内容及び範囲を十分に理解すること。
二 関連する業界及び業務の対象について理解すること。
三 関連する規制上及び報告上要求される事項について理解すること。

四　必要な能力を備えた従事者を適切に配置すること。
　　五　必要に応じて他の専門家を利用すること。
　　六　専門業務の実施に必要な時間の確保について依頼人の同意を得ること。
　　七　専門業務を適切に実施できる場合にのみ契約を締結することを，品質管理の方針及び手続に定めて遵守すること。

（現任会員との交代）

第16条　会計事務所等所属の会員は，依頼人から現任会員との交代を依頼される場合，又は専門業務を申し込む場合，基本原則を遵守するために概念的枠組みアプローチを適用しなければならない。

2　阻害要因の重要性の程度を許容可能な水準にまで軽減できない場合，会計事務所等所属の会員は，当該業務の契約を締結してはならない。

3　会計事務所等所属の会員と現任会員との協議に関する依頼人の承諾は，書面で得ることが望ましい。

4　承諾後，現任会員は，協議を行うに当たって，職業的専門家としての基準及び法令等を遵守しなければならない。また，誠実かつ明確に情報を提供しなければならない。

5　会計事務所等所属の会員は，現任会員との協議が困難な場合，第三者に問い合わせる，又は依頼人の経営者や監査役等の背景調査を行う等，他の方法により阻害要因に関する情報を収集しなければならない。

注解14（第16条）

1　現任会員が，専門業務の契約を継続しない理由に，基本原則の遵守が困難となる状況等職務上の事由が存在する場合がある。このような場合，会計事務所等所属の会員が関連する事実を十分に知る前に当該業務の契約を締結するならば，職業的専門家としての能力及び正当な注意の原則の遵守を阻害する要因を生じさせる可能性がある。

2　交代の理由が，事実を十分に反映したものになっておらず，現任会員と依頼人との間に専門業務の契約の締結の判断に影響を与える可能性のある意見の相違があることを示唆することがある。このような場合，会計事務所等所属の会員は，当該業務の契約を締結することが適当か否かの判断をするに際し，現任会員と直接意見を交換し，事実又は状況を確認することが望ましい。

3 規則第16条第1項における,概念的枠組みアプローチを適用する際のセーフガードには,例えば次のものが挙げられる。
 一 専門業務の契約を締結する前に依頼人に提出する提案書等において,現任会員と面談し,依頼を受諾すべきでない理由があるかどうかに関し質問することを契約の条件として示すこと。
 二 専門業務の契約の締結を判断する前に会計事務所等所属の会員が知っておくべき事実や状況について,情報を提供するよう現任会員に依頼すること。
 三 その他の利用可能な情報源から必要な情報を入手すること。
4 現任会員は,法令等及び依頼人との間で締結した契約により守秘義務による制約を受けている。会計事務所等所属の会員との間で依頼人の事情についてどの範囲まで協議できるか,又は協議すべきかは,当該業務の内容と次の事項に依存することになる。
 一 協議することについての依頼人からの承諾の有無
 二 協議及び情報の開示に関する法律的又は倫理的な制約の有無
  なお,現任会員が業務上知り得た情報を開示するよう依頼されている又は依頼される可能性がある場合,守秘義務の規定に留意する。

(現任会員の専門業務の補完的又は追加的な専門業務の契約の締結)
第17条 会計事務所等所属の会員は,現任会員の専門業務の補完的又は追加的な専門業務を依頼される場合,基本原則を遵守するために概念的枠組みアプローチを適用しなければならない。
2 会計事務所等所属の会員は,現任会員の専門業務の補完的又は追加的な専門業務を依頼される場合,前条第2項から第5項までの規定を準用する。

注解15(第17条)
1 会計事務所等所属の会員が現任会員の専門業務の補完的又は追加的な専門業務を依頼される場合,職業的専門家としての能力及び正当な注意の原則を阻害する潜在的な要因を生じさせる可能性がある。
2 規則第17条第1項における,概念的枠組みアプローチを適用する際のセーフガードには,例えば依頼人の了解を得た上で,依頼された専門業務について現任会員に通知し必要な情報を得ること等が挙げられる。

3 会計事務所等所属の会員は，現任会員の専門業務の補完的又は追加的な専門業務を依頼される場合，注解14（第16条）第4項の規定を準用する。

(共同業務)
第18条 会計事務所等所属の会員が共同して専門業務を行う場合，相互に十分に連絡し協議しなければならない。

(依頼人との利益相反)
第19条 会計事務所等所属の会員は，専門業務を実施する際に，別に定める「利益相反に関する指針」に従って，職業的専門家としての判断に不当な影響を与える利益相反を回避しなければならない。

注解16（削　除）

(セカンド・オピニオン)
第20条 会計事務所等所属の会員は，セカンド・オピニオンを表明するよう依頼された場合，基本原則を遵守するために概念的枠組みアプローチを適用しなければならない。

2 会計事務所等所属の会員は，セカンド・オピニオンの依頼人が現任会員と協議することに同意しない場合には，全ての状況をより慎重に判断し，セカンド・オピニオンを表明することが適切か否かを決定しなければならない。

注解17（第20条）
1 セカンド・オピニオンとは，会計事務所等所属の会員が，現任会員の依頼人からの求めに応じ，特定の取引等における会計，監査，報告又はその他の基準若しくは原則の適用について意見を表明することをいう。
2 会計事務所等所属の会員が，セカンド・オピニオンを表明するよう依頼された際に，現任会員が入手した事実と同一の事実に基づかない情報又は不適切な証拠に基づく場合には，職業的専門家としての能力及び正当な注意の原則の遵守を阻害する要因を生じさせる可能性がある。
3 阻害要因の重要性の程度は，次の事項に依存する。
　一 依頼人がセカンド・オピニオンを必要とする事情

二　会計事務所等所属の会員が職業的専門家としてのセカンド・オピニオンを表明するに際して，必要となる事実関係及び前提条件についての情報を入手することが可能か否か。
4　規則第20条第1項における，概念的枠組みアプローチを適用する際のセーフガードとしては，例えば次の事項が挙げられる。
　一　現任会員と協議することについて依頼人の同意を得ること。
　二　事実の開示や証拠の入手が限定された場合には，セカンド・オピニオンの表明に制約が生じることに同意を得ること。
　三　現任会員に対して意見の写しを提供すること。

(報酬の水準)
第21条　会計事務所等所属の会員は，専門業務の内容又は価値に基づいた報酬を請求することが適切である。報酬を算定又は請求する際，基本原則を遵守するために概念的枠組みアプローチを適用しなければならない。

注解18（第21条）
1　会計事務所等所属の会員が他の者よりも低い報酬を提示すること自体は，直ちに倫理上の問題が生じるとはいえない。しかし，報酬の水準によっては，基本原則の遵守を阻害する要因を生じさせる可能性がある。例えば，正当な根拠に基づかない低廉な報酬の提示及び請求は，一定の水準の専門業務を実施することが困難となることが考えられることから，職業的専門家としての能力及び正当な注意の原則の阻害要因を生じさせる。
2　規則第21条第1項における，概念的枠組みアプローチを適用する際のセーフガードには，例えば次のものが挙げられる。
　一　報酬を請求する基準，専門業務の内容及び専門業務の提供の条件等について依頼人の理解を得ること。
　二　業務に合理的な時間をかけ，有能な従事者を起用すること。

(成功報酬)
第22条　会計事務所等所属の会員は，成功報酬に基づいて保証業務の契約を締結してはならない。
2　会計事務所等所属の会員は，成功報酬に基づいて非保証業務の契約を締結する

場合，基本原則を遵守するために概念的枠組みアプローチを適用しなければならない。

注解19（第22条）

1　成功報酬とは，取引の成果若しくは結果又は実施した専門業務の結果に応じて報酬を決定することをいう。ただし，裁判所その他の公的機関が決定した報酬は，成功報酬とはみなされない。
2　成功報酬に基づいて保証業務の契約を締結する場合，公正性の原則の遵守を阻害する要因を生じさせる。その阻害要因は，いかなるセーフガードを適用しても軽減することができない。
3　成功報酬は，特定の非保証業務に利用されている。しかし，成功報酬は，特定の状況において基本原則の遵守を阻害する要因を生じさせ，公正性の原則を阻害する自己利益を生じさせる可能性がある。阻害要因の実在性と重要性は，次の要因に依存する。
　一　専門業務の内容
　二　報酬の幅
　三　報酬の算定基準
　四　独立した第三者による取引の結果又は成果の検証の有無
4　規則第22条第2項における，概念的枠組みアプローチを適用する際のセーフガードには，例えば次のものが挙げられる。
　一　報酬の算定基準をあらかじめ書面の形で依頼人と合意しておくこと。
　二　会計事務所等所属の会員が実施した業務の内容及び報酬の算定基準を想定利用者に開示すること。
　三　品質管理の方針及び手続を定めること。
　四　実施した業務の検証を独立した第三者に依頼すること。

（紹介手数料）
第23条　会計事務所等所属の会員は，業務に関して依頼人の紹介を受け，又は紹介をすることについて，その対価として紹介手数料の授受を行うに当たり，又は第三者の商品やサービスを依頼人へ提供する対価として仲介料を受領するに当たり，基本原則を遵守するために概念的枠組みアプローチを適用しなければならない。

2 保証業務においては，公正性の原則や職業的専門家としての能力及び正当な注意の原則の遵守に加え，独立性が求められることから，保証業務の契約締結に係る紹介手数料や仲介料等の授受については通常いかなるセーフガードを適用しても阻害要因の重要性の程度を許容可能な水準にまで軽減することはできない。したがって，会計事務所等所属の会員は，保証業務を紹介し，又は紹介されたことに関して，紹介手数料その他当該業務から生じる報酬若しくはその他の対価を受領し，又は支払ってはならない。
3 監査業務の依頼人との間で，保証業務以外の業務の紹介を行い，又は紹介を受け，若しくは第三者の商品やサービスを依頼人へ提供する場合は，独立性に鑑み，原則として紹介手数料や仲介料の授受を行ってはならない。紹介手数料や仲介料の授受が監査業務の独立性を阻害する自己利益又は不当なプレッシャーを受ける脅威を生じさせるビジネス上の関係に該当すると考えられる場合は，「独立性に関する指針」の「依頼人とのビジネス上の関係」の規定を遵守しなければならない。

注解20（第23条）

1 規則第23条第1項における紹介手数料又は仲介料等の授受は，それ自体が，許容可能な水準を超えた公正性の原則，職業的専門家としての能力及び正当な注意の原則の遵守を阻害する自己利益を生じさせる。このため，セーフガードを適用して阻害要因の重要性の程度を許容可能な水準にまで軽減することができるのは，次の場合に限られる。
 一 紹介手数料又は仲介料等の授受が，慣行化している場合
 二 紹介手数料又は仲介料等の金額が，公正な範囲で定められることが合理的に説明できる場合
2 規則第23条第1項における，概念的枠組みアプローチを適用する際のセーフガードには，例えば次のものが挙げられる。
 一 当該業務に関し，別の会員や他の第三者である紹介者に紹介手数料を支払う約束があることを依頼人へ開示すること。
 二 別の会員や他の第三者に依頼人を紹介する対価として，紹介手数料を受け取る約束があることを依頼人へ開示すること。
 三 例えばソフトウェア業者等の第三者の商品やサービスを，依頼人へ提供する対価として仲介料を受け取ることについて，あらかじめ依頼人の了解

を得ること。
3 　会計事務所等所属の会員が別の会計事務所等の全部又は一部を買収することにより，その会計事務所等の所有者であった個人又はその相続人等に対して対価を支払うことがある。このような対価は，規則第23条第1項，第2項及び第3項で規定されている紹介手数料や仲介料等には含まれない。

（会員相互間の行為）
第24条　会計事務所等所属の会員は，次に掲げる行為を行ってはならない。
一　他の会員に対する誹謗又は他の会員の名誉を毀損すること。
二　他の会員の業務への不当な侵害をすること。
三　他の会員の使用人に対する雇用の申込みによって，当該他の会員の業務に著しく支障を来たすこと。

（広告）
第25条　会計事務所等所属の会員は，専門業務の広告を行う過程において，正直かつ誠実でなければならず，会員の品位と信用を損なう次の広告をしてはならない。
一　専門業務，資格又は経験に関して誇張した広告
二　他の会員を誹謗中傷する広告又は比較広告
2 　会計事務所等所属の会員は，広告の方法及び内容の適切さに疑問を感じた場合には，本会に相談することを検討しなければならない。

注解21（第25条）
　会計事務所等所属の会員が，広告その他の宣伝により新しい専門業務を獲得しようとする場合，基本原則の遵守を阻害する要因を生じさせる可能性がある。例えば，提供する専門業務，業績又は商品を，職業的専門家としての行動の原則に反した内容で宣伝や広告をする場合，当該基本原則を阻害する自己利益を生じさせる。

（贈答・接待）
第26条　会計事務所等所属の会員又は当該会員の家族若しくは近親者が，依頼人から贈答若しくは接待を受ける場合，又は当該依頼人に対し贈答若しくは接待を行う場合には，基本原則を遵守するために概念的枠組みアプローチを適用しなけれ

ばならない。
2 　会計事務所等又は保証業務チームの構成員が，保証業務の依頼人から，社会通念上許容される範囲を超える贈答若しくは接待を受ける場合，又は当該依頼人に対し贈答若しくは接待を行う場合には，阻害要因の重要性は余りに大きい。このため，いかなるセーフガードを適用しても，その重要性の程度を許容可能な水準にまで軽減することはできない。したがって，会計事務所等又は保証業務チームの構成員は，そのような贈答若しくは接待を受け，又は行ってはならない。

注解22（第26条）

1 　会計事務所等所属の会員又は当該会員の家族又は近親者が，依頼人から贈答若しくは接待を受ける場合，又は当該依頼人に対し贈答若しくは接待を行う場合，公正性の原則を阻害する自己利益又は馴れ合いを生じさせる可能性がある。また，贈答を受けたこと又は行ったことが公表される可能性がある場合，公正性の原則を阻害する不当なプレッシャーを受ける脅威を生じさせる可能性がある。
2 　規則第26条第１項における，概念的枠組みアプローチを適用する際のセーフガードとしては，例えば次のものが挙げられる。
　一　贈答及び接待に関する適切な方針及び手続を定め遵守すること。
　二　贈答及び接待に関する責任者の承認を得ること。
　三　贈答及び接待の内容を記録し，報告すること。
3 　規則第26条第２項における「社会通念上許容される範囲」の解釈については，贈答及び接待の内容，金額，意図，時期，回数及び方法等を総合的に勘案し，極力厳格に判断するものとする。社会通念上許容される範囲か否かの判断に当たっては，公認会計士の業務や関連する法令等に精通した第三者が，基本原則の遵守は阻害されていないと結論付ける可能性が高いかどうかを勘案しなければならない。社会通念上許容される範囲と考えられるような贈答及び接待は，特定の意思決定に影響を及ぼさず，情報収集を目的とする特別の意図のない通常のビジネス上の行為であると考えられる。このような贈答及び接待が生じさせる，基本原則の遵守を阻害する要因の重要性の程度は，一般に許容可能な水準であると考えられる。なお，社会通念上許容される範囲であっても，基本原則の遵守が阻害されているとの疑いをもたれることのないように留意しなければならない。

（依頼人の資産の保管）
第27条 会計事務所等所属の会員は，原則として，依頼人の金銭その他の資産を保管してはならない。ただし，それが法令等によって許容されるものである場合はこの限りでないが，この場合，管理する会計事務所等所属の会員に課された追加的な法律的な義務を遵守する必要がある。

2 他人の金銭その他の資産を預かった会計事務所等所属の会員は，次のことを全て守らなければならない。
　一　その資産を個人や会計事務所等の資産とは別に保管すること。
　二　その資産を意図された本来の目的に限定し使用すること。
　三　その資産並びに生じた収益，配当及び利益について，それらに対して権利を有する者にいつでも説明できるように記録を整備しておくこと。
　四　その資産の保管と記録に関する法令等を全て遵守すること。

3 会計事務所等所属の会員は，依頼人との契約又は専門業務の契約手続の一環として依頼人の資産を取り扱う場合は，基本原則の遵守を阻害する要因を認識しておかなければならない。

注解23（第27条）
1 依頼人の資産を保管することは，専門家としての行動の原則や公正性の原則を阻害する自己利益を生じさせる可能性がある。
2 会計事務所等所属の会員は，資産の保管についての依頼人との契約又は専門業務の契約手続の一環として，取り扱うことが予想される依頼人の資産の出所を確認するために質問し，また，法令等に基づく本人確認等の会計事務所等所属の会員の義務を検討しなければならない場合がある。例えば，当該資産が資金洗浄のような違法行為に関係する疑いがある場合，基本原則の遵守を阻害する要因を生じさせる。このような場合，会計事務所等所属の会員は，必要に応じて法律専門家の意見を求めることも検討すべきである。

（品質の保持）
第28条 会計事務所等所属の会員は，専門業務の実施に当たり，組織体制を整備し，また，使用人その他の従業者に対する適切な指導監督を行うなど，その品質の保持に努めなければならない。

(名義貸しの禁止)
第29条 会計事務所等所属の会員は，自己の使用人以外の者に自己の名をもって専門業務を行わせること，又は自己の使用人以外の者が実施した専門業務について自己の結論を表明することを行ってはならない。

(将来の事象に対する結論の表明)
第30条 会計事務所等所属の会員は，将来の事象に対する予測について結論を表明する場合に，その予測の実現を保証すると誤解される表現又は方法で結論を報告してはならない。

(監査法人の名称)
第31条 会計事務所等所属の会員は，監査法人の設立，名称変更及び合併に際し，公認会計士としての品位を失墜するような名称を使用してはならない。

2　会計事務所等所属の会員は，監査法人の設立，名称変更及び合併に際し，他の監査法人等（共同事務所及び外国事務所（公認会計士事務所に相当する外国事務所））の名称と同一又は類似の名称を使用してはならない。

3　会計事務所等所属の会員は，監査業務の公共性に鑑み，監査法人の設立，名称変更及び合併に際し，使用名称について，あらかじめ本会に問い合わせるものとする。

第3章　企業等所属の会員を対象とする規則

(基本原則の遵守)
第32条 企業等所属の会員は，業務，職業又は活動に従事するに当たっては，誠実性，公正性若しくは社会的信頼を損なうか，又はその可能性があると知りながら，当該業務，職業又は活動に従事してはならず，また，従事することによって，結果としても基本原則に反することがあってはならない。なお，業務，職業又は活動に従事するに当たっては，職業的専門家としての能力及び正当な注意の原則に留意しなければならない。

注解24（第32条）
1　企業等所属の会員とは，従業員，共同経営者，取締役等の役員，自営業者，ボランティア等様々な形で，一つ，又は複数の企業等の組織のために働く場合の当該会員をいう。
2　企業等所属の会員には，所属する組織との法的な関係の有無やその内容とは

別に，企業等所属の会員として規則を遵守する責任が課されており，また，同時に所属する組織の正当な目標のために働くという責任も課されている。なお，企業等所属の会員と所属する組織との法的関係いかんに関わらず，当該会員に課せられる職業倫理上の責任を負うことになる。
3 投資者，債権者，雇用主，その他経済界，さらには政府，社会に至るまで全ての者は，企業等所属の会員を職業的専門家として信頼している。つまり，企業等所属の会員は，財務等の情報の作成若しくは報告又はその両方に責任を負う場合もあり，その所属する組織や第三者もそれを信頼して経済活動を行っている。さらに，企業等所属の会員は，財務管理や企業活動の様々な事項について助言を求められることもある。
4 企業等所属の会員は，組織内で経営者層に就く場合も想定される。職位が上位であればあるほど，組織で起こる事象や実務，組織の姿勢に関与する度合いも影響力も大きくなる。企業等所属の会員が，組織の経営者層や管理職に就いた場合，倫理的行動を重視する文化を所属組織内で醸成させることが期待される。

（概念的枠組みアプローチの適用）
第33条 企業等所属の会員は，概念的枠組みアプローチを適用し，基本原則の遵守を阻害する要因に対処しなければならない。

注解25（第33条）
1 企業等所属の会員は，規則第8条の概念的枠組みアプローチを適用するに際し，企業等所属の会員が直面する状況及び関係のうち，基本原則の遵守を阻害する要因を生じさせる又はその可能性があるもの全てについて，規則が説明しているわけではないことに留意する。したがって，企業等所属の会員は，規則に記載されている以外の基本原則の遵守を阻害する状況又は関係にも注意を払うことが求められている。
2 基本原則の遵守を阻害する要因は，広範囲な状況及び関係の中に潜在的に存在することがある。企業等所属の会員の業務環境に存在する阻害要因を生じさせる状況及び関係を付録3に例示している。
3 阻害要因を除去するか又はその重要性の程度を許容可能な水準にまで軽減するセーフガードは，大きく二つに分類される。

一　本会又は法令等により設けられたセーフガード
　二　業務環境におけるセーフガード
　　本会又は法令等により設けられたセーフガードを注解6（第8条）第5項に例示し、企業等所属の会員の業務環境におけるセーフガードを付録4に例示している。
4　倫理に反する行動や行為が、所属する組織内で継続して発生すると思われる場合には、企業等所属の会員は法律家の助言を受けることも考えられる。
5　いかなるセーフガードを適用しても、阻害要因の重要性の程度を許容可能な水準にまで軽減することが不可能であるという状況であれば、企業等所属の会員は、その所属する組織を辞職することが適切であるとの結論を下すこともあり得る。

（会員相互間の行為）

第34条　企業等所属の会員は、次に掲げる行為を行ってはならない。
　一　他の会員に対する誹謗又は他の会員の名誉を毀損すること。
　二　他の会員の業務への不当な侵害をすること。
　三　他の会員の使用人に対する雇用の申込みによって、当該他の会員の業務に著しく支障をきたすこと。

（利益相反）

第35条　企業等所属の会員は、専門業務を実施する際に、別に定める「利益相反に関する指針」に従って、職業的専門家としての判断に不当な影響を与える利益相反を回避しなければならない。

注解26（削　除）

（情報の作成及び報告）

第36条　企業等所属の会員は、情報の作成又は報告にかかわる場合、適切に、正直にかつ所定の技術的基準に準拠して作成又は報告をしなければならない。
2　企業等所属の会員は、財務諸表の作成又は承認に責任を負っている場合には、適用すべき財務報告基準等に準拠しなければならない。
3　企業等所属の会員は、次の各号に基づく情報に責任を負っている場合、情報を

そのように保持されるように適切な対応をとらなければならない。
一　取引，資産又は負債が内容に応じて明瞭に記載されていること。
二　情報が適時に，また，適切な方法で分類し記録されていること。
三　事実が，全ての重要な点において正確かつ完全に表示されていること。

> **注解27（第36条）**
> 　企業等所属の会員は，所属する組織が公表する情報や，当該組織の内外で利用される情報（例えば財務諸表，経営者の見解若しくは分析，予測数値や予算等の財務若しくは経営情報又は外部監査人に提出される経営者確認書等）の作成，報告に携わることが想定される。

第37条　企業等所属の会員が，誤解を招くおそれのある情報を作成又は報告をさせるようなプレッシャーを受けた場合には，基本原則を遵守するために概念的枠組みアプローチを適用しなければならない。
2　前項のプレッシャーがもたらす阻害要因の重要性の程度を許容可能な水準にまで軽減できない場合，企業等所属の会員は，誤解を招くおそれがあると判断した情報に関与し，又は関与し続けることを拒否しなければならない。企業等所属の会員は，意図や違反の自覚がないままに誤った情報に関与している可能性がある。当該情報に関与していることを知った場合には，当該情報に関与しないよう対策を講じなければならない。

> **注解28（第37条）**
> 1　企業等所属の会員が，誤解を招くおそれのある情報の作成又は報告をさせるようなプレッシャーを受けた場合には，誠実性，公正性，職業的専門家としての能力及び正当な注意の原則の遵守を阻害する要因を生じさせる。
> 2　阻害要因の重要性の程度は，次の事項に依存する。
> 　一　プレッシャーの原因
> 　二　所属する組織内の企業風土
> 　企業等所属の会員は，とりわけ誠実性の原則に注意しなければならない。
> 　報酬やインセンティブから阻害要因が生じる場合，規則第39条及び第40条を参照する必要がある。
> 3　規則第37条第1項における，概念的枠組みアプローチを適用する際のセーフ

ガードには，所属する組織の上級機関，監査役等，独立した専門家又は本会に相談することが挙げられる。
4　企業等所属の会員が，不正な情報に関与していることを知った場合には，関係当局等への報告の必要があるかどうかを検討するに当たって，法律家に相談することもあり得る。さらに場合によっては，所属する組織を辞職するかどうかを検討することもあり得る。

(専門的知識及び経験)
第38条　企業等所属の会員は，自らが有する専門的知識及び経験の程度について，雇用主を意図的に欺いてはならない。
2　企業等所属の会員は，必要に応じて専門家による適切な助言や支援を求めることを怠ってはならない。
3　企業等所属の会員は，重要な任務を引き受ける際，職業的専門家としての能力及び正当な注意の原則を遵守するために概念的枠組みアプローチを適用しなければならない。阻害要因の重要性の程度を許容可能な水準にまで軽減できない場合は，企業等所属の会員は，当該任務を辞退するかどうかを判断しなければならない。辞退することが適切であると判断する場合は，その理由を明確に伝えなければならない。

注解29（第38条）
1　企業等所属の会員が，重要な任務を引き受ける場合に，要求される一定の研修若しくは専門業務の経験を十分に有していない，又は習得することができないならば，職業的専門家としての能力及び正当な注意の原則の遵守が阻害される場合がある。
2　企業等所属の会員の専門業務に関し，次のような場合には，職業的専門家としての能力及び正当な注意の原則の遵守を阻害する要因を生じさせる。
　一　専門業務を適切に実施するために必要な時間が不足しているとき。
　二　専門業務を適切に実施するための情報が不完全か，制限されているか，又は不適切であるとき。
　三　専門業務を適切に実施するために必要な教育・訓練が不足しているとき。
　四　専門業務を適切に実施するために必要かつ適切なリソースが不足しているとき。

3 企業等所属の会員の専門業務に関する職業的専門家としての能力及び正当な注意の原則の遵守を阻害する要因の重要性は，当該会員の専門業務に組織内の他の職員等が関与する程度，当該会員の企業内での相対的な職位及びその専門業務に対して行われる監督と査閲の水準等による。
4 規則第38条第3項における，概念的枠組みアプローチを適用する際のセーフガードには，例えば次のものが挙げられる。
 一 追加的な助言や研修を受けること。
 二 専門業務を適切に実施するための十分な時間を確保すること。
 三 必要な職業的専門家としての能力を有する者から必要な支援を受けること。
 四 所属する組織の上級機関，独立した専門家又は本会に相談すること。

（財務報告及び意思決定に連動する報酬やインセンティブを含む金銭的利害）
第39条 企業等所属の会員が，報酬やインセンティブを含む金銭的利害を有しているか，又は家族若しくは近親者が金銭的利害を有していることを知っているならば，状況によっては，基本原則の遵守を阻害する要因を生じさせる可能性がある。このような場合は，当該会員は，基本原則を遵守するために概念的枠組みアプローチを適用しなければならない。

注解30（第39条）
1 例えば，価格に影響する情報を操作して経済的利益を得ようとする動機又は機会がある場合，公正性又は守秘義務の原則を阻害する自己利益を生じさせる可能性がある。
2 自己利益を生じさせる可能性のある状況としては，企業等所属の会員又はその家族若しくは近親者が，例えば次のような状況に置かれるということが考えられる。
 一 企業等所属の会員が，所属する組織と直接的又は間接的な金銭的利害を有し，その価値に当該会員の意思決定が直接的に影響を及ぼす。
 二 企業等所属の会員が，利益連動型報酬等を受け取る場合，その額に当該会員の意思決定が直接的に影響を及ぼす。
 三 企業等所属の会員が，ストック・オプションなどのように所属する組織の株式等を最終的に取得することができる権利を直接的又は間接的に保有

する場合，その価値に当該会員の意思決定が直接的に影響を及ぼす。
　　四　業績目標の達成や所属する組織の株価の最大化などの，一定の業績評価基準に連動して長期にわたりインセンティブを与えるような報酬制度に加入している。
3　報酬やインセンティブから生じる阻害要因である自己利益は，同じ契約に参加している所属する組織の上司や同僚からプレッシャーを受けることによってより増幅する可能性がある。例えば，そのような制度においては，しばしば一定の成果を達成した従業員に対して，極めて少額又は無償による自社株を与える権利を制度の加入者に付与することがあるが，場合によっては，付与された株式の価値が，企業等所属の会員の基本給に比べ相当程度多額になることがある。
4　金銭的利害の内容を検討することには，金銭的利害がどれほど重要か，といった評価が含まれる。重要な利害関係が何かは，企業等所属の会員によって異なり，当該会員が置かれた状況に依存する。
5　規則第39条第1項における，概念的枠組みアプローチを適用する際のセーフガードには，例えば次のものが挙げられる。
　　一　経営陣から独立した委員会が，上級管理職の報酬の水準や形態を決定するための方針と手順を設けていること。
　　二　問題となる利害関係や株式取引（権利行使を含む。）の計画を，所属する組織の監査役等に対し内規等に従って開示すること。
　　三　適切な場合には，所属する組織内の上司に相談すること。
　　四　適切な場合には，所属する組織の監査役等又は本会に相談すること。
　　五　内部監査，外部監査又は外部機関による検証の対象とすること。
　　六　職業倫理に関する事項，インサイダー取引に関する法的な制約その他の規制等（改正内容を含む。）に関する研修を受講すること。

（情報の改竄及び業務上知り得た情報の利用）
第40条　企業等所属の会員は，自己の利益や他者の金銭的利益のために情報を改竄し，業務上知り得た情報を利用してはならない。

注解30の2　（第40条）
　企業等所属の会員の地位が高いほど，財務報告及び意思決定に影響を与える可

能性及び機会がより増大し，上司及び同僚から情報を改竄させようとするプレッシャーが増大する可能性がある。

　このような場合，企業等所属の会員は特に誠実性の原則を損なわないように留意しなければならない。

(勧誘の受入れ)
第41条　企業等所属の会員又はその家族若しくは近親者が，贈答，接待又は優遇などの勧誘を受けた場合，その状況を評価しなければならない。当該会員は，基本原則を遵守するために概念的枠組みアプローチを適用しなければならない。
2　阻害要因の重要性の程度を許容可能な水準にまで軽減することが不可能な場合，企業等所属の会員は，その勧誘を受け入れてはならない。なお，単に勧誘があったという事実からでも阻害要因が生じる場合があるため，追加的なセーフガードを適用しなければならない。
3　企業等所属の会員は，勧誘を受け入れることから生じる阻害要因の重要性の程度を評価し，次の一つ以上の対応をとるかどうかを判断しなければならない。
　一　勧誘を受けた場合には，直ちに，所属する組織の上級管理者又は監査役等に報告すること。
　二　法律家に相談することを検討した上で，本会又は勧誘した者の雇用主等の第三者に通知すること。
　三　企業等所属の会員の家族又は近親者が，例えば，その職位により勧誘を受ける可能性がある場合，当該会員は，当該家族又は近親者に対し，当該勧誘が生じさせる阻害要因と適用すべきセーフガードについて伝えること。
　四　企業等所属の会員の家族又は近親者が，当該会員が所属する組織の競合先又は取引先で雇用されている場合，上級管理者又は監査役等に対し報告すること。

注解31（第41条）
1　企業等所属の会員又はその家族若しくは近親者が基本原則の遵守を阻害するような勧誘の申出を受けることがある。勧誘の形態には，贈答，接待若しくは優遇を受けること，又は親密性や忠誠心の強要等様々な可能性がある。
2　勧誘の意図が企業等所属の会員の行動若しくは意思決定に不当な影響を及ぼすこと，違法若しくは不誠実な行動を強要すること，又は業務上知り得た情

報を漏洩させること等を目的とする場合には，公正性又は守秘義務の原則を阻害する自己利益を生じさせる。こうした勧誘を受け，その後その行為を公表して当該会員又はその家族若しくは近親者の評判を傷つけるというプレッシャーを受け続ける場合には，公正性又は守秘義務を阻害する不当なプレッシャーを受ける脅威を生じさせる。

3　阻害要因の存在及び重要性は，勧誘の内容，金額，及び意図に依存する。社会通念上許容される範囲内である場合においては，企業等所属の会員は，そのような勧誘を通常のビジネス上の行為として理解し，基本原則を阻害する重大な要因はないと結論付けることもできる。

（勧誘の申出）

第42条　企業等所属の会員は，第三者の専門的判断に不当な影響を及ぼすことを目的に，贈答，接待又は優遇その他の勧誘を行ってはならない。このような非倫理的な勧誘の申出を強制するプレッシャーを所属する組織から受ける場合，当該会員は，規則第9条に示された職業倫理上の相反の解消の規定に従わなければならない。

注解32（第42条）

1　企業等所属の会員は，他の者や組織の判断若しくは意思決定プロセスに影響を及ぼすこと，又は情報を入手することを目的として，勧誘を行うよう求められるか，又はプレッシャーを受ける状況に直面することがあり得る。

2　勧誘を行うよう求めるプレッシャーは，所属する組織内の同僚や上司等から受けることもある。また，外部の者や組織からもちかけられることもある。当該プレッシャーは，所属する組織にとって有利であるが，企業等所属の会員本人にとっては不当な影響力を及ぼす行動やビジネス上の意思決定をとらせる勧誘である場合もある。

定義

会計事務所等

(1)　会員が開業する事務所（公認会計士法以外の法律に基づく事務所を除く。）及び監査法人

(2)　(1)を支配する事業体

(3) (1)が支配している事業体

会計事務所等所属の会員
会計事務所等に所属する会員。提供する専門業務の種類は問わない。

家族
配偶者若しくはそれに準ずる者又はこれら以外の被扶養者

監査業務の依頼人
監査業務を会計事務所等に依頼する事業体
(1) 監査業務の依頼人が上場会社等である場合
　監査業務の依頼人には，当該依頼人の関連企業等を全て含む。
(2) 監査業務の依頼人が上場会社等でない場合
　監査業務の依頼人には，当該依頼人が直接的又は間接的に支配する関連企業等を含む。

監査役等
監査役若しくは監査役会又は監査委員会その他これらに準ずるもの。

関連企業等
依頼人との間に次のいずれかの関係を有する企業
(1) 依頼人を直接的又は間接的に支配する企業。ただし，依頼人がその企業にとって重要である場合に限る。
(2) 依頼人に対し直接的な金銭的利害を有する企業。ただし，その企業が依頼人に対し重要な影響力を有し，依頼人に対する利害がその企業にとって重要である場合に限る。
(3) 依頼人が直接的又は間接的に支配している企業
(4) 依頼人又は依頼人と上記(3)の関係にある企業が直接的な金銭的利害を有することにより重要な影響力を及ぼす企業。ただし，依頼人及び依頼人と上記(3)の関係にある企業にとって当該金銭的利害が重要である場合に限る。
(5) 依頼人と共通の企業によって支配されている企業。ただし，この企業と依頼人がともに両者を支配する企業にとって重要である場合に限る。

企業等所属の会員
　企業，行政機関，教育機関，非営利法人又は本会等（以下「企業等」という。）において，雇用又はその他の契約により，当該企業等の業務に従事している会員，又は企業等から業務の委託を受けている会員

技術的基準

企業の財務諸表の作成又は監査を行う場合の一般に公正妥当と認められる企業会計の基準のように，会員が専門業務を実施するに当たりよりどころとすべき一般に公正妥当と認められる基準をいう。
業務チーム
専門業務を実施する全ての従業者及び会計事務所等又はネットワーク・ファームに所属する者で，保証業務の手続を実施した者。会計事務所等又はネットワーク・ファームが当該業務に関連して委託した外部の専門家は含まれない。
許容可能な水準
事情に精通し，合理的な判断を行うことができる第三者が，その時点で会員が知り得る全ての具体的な事実と状況を勘案し，基本原則の遵守が損なわれていないと結論付ける可能性が高い水準
近親者
家族の定義に該当しない両親，子供又は兄弟姉妹
金銭的利害
企業の株式その他の出資証券，無担保社債，その他の債務証券への投資。これらの有価証券を取得する権利及び義務並びにこれらの有価証券に直接関連するデリバティブを含む。
現任会員
現時点において，依頼人のために監査又は会計，コンサルティング，その他類似の専門業務を実施している会計事務所等所属の会員
広告
業務を獲得する意図をもって，会計事務所等所属の会員が提供する専門業務及び技能に関する情報を伝達すること。
社員等
(1) 監査法人の場合
当該監査法人の社員
(2) 個人事務所及び共同事務所の場合
当該個人事務所又は共同事務所において業務執行責任者として業務を行っている者
成功報酬
取引の成果若しくは結果又は実施した専門業務の結果に応じて報酬を決定することをいう。ただし，裁判所その他の公的機関が決定した報酬は，成功報酬とは

みなされない。

専門業務
(1) 公認会計士法第2条第1項及び同第2項に定める業務
(2) 企業等所属の会員が行う職業的専門家としての業務

独立性
一 精神的独立性
　職業的専門家としての判断を危うくする影響力を受けることなく，結論を表明できる精神状態を保ち，誠実に行動し，公正性と職業的専門家としての懐疑心を堅持できること。
二 外観的独立性
　事情に精通し，合理的な判断を行うことができる第三者が，全ての具体的な事実と状況を勘案し，会計事務所等又は監査業務チームや保証業務チームの構成員の精神的独立性が堅持されていないと判断する状況にはないこと。

ネットワーク
　会計事務所等よりも大きな組織体であって，次の(1)と(2)の条件の両方を備えた組織体
(1) 当該組織体が，所属する事業体の相互の協力を目的としていること。
(2) 次のいずれかを備えていること。
　① 利益の分配又は費用の分担を目的にしていること。
　② 共通の組織により，所有，支配及び経営されていること。
　③ 品質管理の方針及び手続を共有していること。
　④ 事業戦略を共有していること。
　⑤ ブランド名を共有していること。
　⑥ 事業上のリソースの重要な部分を共有していること。

ネットワーク・ファーム
　ネットワークに所属する会計事務所等又は事業体

保証業務の依頼人
(1) 直接報告による保証業務の場合
　主題に責任を負う者
(2) 主題情報に対する保証業務の場合
　① 主題情報に責任を負う者
　② 主題に責任を負うと考えられる者

附　則
1　この紀律規則は，日本公認会計士協会成立の日から効力を生ずる。
2　（削除）
3　（削除）

　　附　則（昭和43年6月21日改正）
この改正規定は，昭和43年6月22日から施行する。

　　附　則（昭和50年6月26日改正）
この改正規定は，昭和50年6月27日から施行する。

　　附　則（昭和60年7月4日改正）
1　この改正規定は，昭和60年7月5日から施行する。
2　紀律規則（昭和41年12月1日制定）附則の第2項及び第3項を削除する。

　　附　則（平成8年7月4日改正）
この改正規定は，平成8年7月5日から施行する。

　　附　則（平成12年7月6日）
1　この全部改正規定は，会則第26条，第28条及び第30条の改正について，金融庁長官の認可のあった日（平成12年8月25日）から施行する。
2　この規則の解釈については，この規則に関する注解を斟酌するものとする。
3　前項の注解については，理事会が定める。

　　附　則（平成15年12月2日改正）
この改正規定は，会則の改正について，金融庁長官の認可のあった日（平成15年12月24日）から施行し，平成16年4月1日から適用する。

　　附　則（平成16年7月6日改正）
この改正規定は，平成16年7月7日から施行し，同日以降に開始する事業年度に係る監査から適用する。

附　則（平成18年2月16日改正）
注解11.2に（12）を加える改正は，平成18年2月16日から施行し，平成18年4月1日以後開始する事業年度に係る監査業務から適用する。

附　則（平成18年12月11日改正）
1　この改正規定は，会則第44条の改正について，金融庁長官の認可のあった日（平成19年2月2日）から施行し，第15条を削る改正規定を除き平成19年4月1日から適用する。
2　前項にかかわらず，適用日前に契約を締結した業務には適用しない。
3　会員が，第15条を削る改正規定の施行日前に行った財務書類等の監査業務に係る行為については，なお従前の例による。
4　第16条のうちネットワーク・ファームに係る改正規定は，平成20年4月1日から適用する。ただし，会員が平成19年4月1日から適用することを妨げない。
5　この規則に関する注解は，第1項の適用日に廃止する。

附　則（平成19年12月10日改正）
この改正規定は，平成19年12月11日から施行し，公認会計士法等の一部を改正する法律（平成19年法律第99号）の施行の日（平成20年4月1日）から適用する。ただし，第16条第5項各号列記以外の部分の改正規定は，平成19年9月30日から適用する。

附　則（平成22年7月7日改正）
1　この改正規定は，平成23年4月1日から施行する。
2　この規則の注解の変更については，倫理委員会の議を経て理事会が定める。

附　則（平成26年7月9日改正）
1　この改正規定は，平成27年4月1日から施行する。
2　第8条第4項の違反事実が平成27年3月31日以前に発生した場合は，なお従前の例による。
3　第8条第4項から第6項までに係る改正規定（倫理規則等違反に係る対応部分）のうち，「独立性に関する指針」に係る適用については，「独立性に関する指

針」附則第2項から第5項までによる。
4　第2項の規定については，会員の判断において早期適用することを妨げるものではない。

別表
職業倫理の規範体系

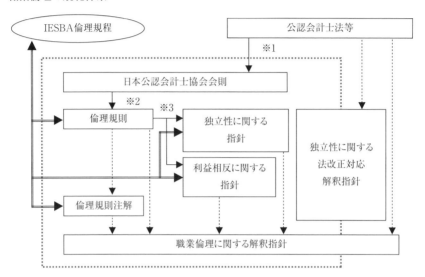

⬌　対応関係
┄┄▶　解説及び解釈
――▶　※1　公認会計士法第46条の3において，会員は，協会の会則を守らなければならないと定められている。
――▶　※2　会則第45条において，会員及び準会員は，本会の会則及び規則を守らなければならないと定められている。
――▶　※3　倫理規則第13条において，「独立性に関する指針」に従って独立性の保持を判断しなければならないと定められている。
　　　また，同第19条及び第35条において，「利益相反に関する指針」に従って利益相反を回避しなければならないと定められている。

【付録1】会計事務所等所属の会員の業務環境に存在する阻害要因を生じさせる状況及び関係の例示

1．自己利益
 (1) 保証業務チームの構成員が，その依頼人に対して直接的な金銭的利害を有していること。
 (2) 会計事務所等が，特定の依頼人からの報酬に過度に依存していること。
 (3) 保証業務チームの構成員が，その依頼人との間に重要で密接なビジネス上の関係があること。
 (4) 会計事務所等が，重要な依頼人からの業務を失う可能性について懸念していること。
 (5) 監査チームの構成員が，監査業務の依頼人と雇用契約の交渉に入ること。
 (6) 保証業務について，会計事務所等が成功報酬の取り決め交渉に入ること。
 (7) 会員が，その会計事務所等の構成員が以前行った専門業務の結果を評価した際に，重大な誤りを発見していること。
2．自己レビュー
 (1) 会計事務所等が，財務システムを設計又は導入した後に，システムの運用効果について，保証報告書を発行すること。
 (2) 会計事務所等が，保証業務の主題となる記録の元になる原始データを作成していること。
 (3) 保証業務チームの構成員が，依頼人の役員若しくはこれに準ずるものであるか又は最近までこれらの職位にあったものであること。
 (4) 保証業務チームの構成員が，依頼人に雇用され，業務の主題に重要な影響力を行使する職位にあるか又は最近までこれらの職位にあったものであること。
 (5) 会計事務所等が，保証業務の主題情報に直接影響の及ぶ業務を保証業務の依頼人に提供していること。
3．擁護
 (1) 会計事務所等が，監査業務の依頼人の株式の販売促進等を行うこと。
 (2) 会員が，第三者との間に訴訟や紛争を抱えた監査業務の依頼人を擁護すること。
4．馴れ合い

(1) 業務チームの構成員の家族又は近親者が，依頼人の役員又はこれに準ずるものであること。
(2) 業務チームの構成員の家族又は近親者が，依頼人の業務の主題に重要な影響力を行使する職位にあること。
(3) 依頼人の役員，これに準ずるもの又は業務の主題に重要な影響力を行使する職位にある従業員が，最近まで当該依頼人に提供していた業務の業務執行責任者であったこと。
(4) 会員が，社会通念上許容される範囲を超える贈答又は接待を依頼人から受けていること。
(5) 主要な担当者が，保証業務に長期間にわたり関与していること。
5．不当なプレッシャーを受ける脅威
(1) 会計事務所等が，依頼人から契約解除のプレッシャーを受けていること。
(2) 会計事務所等が，監査業務の依頼人から特定の会計処理に同意しないならば，予定している非保証業務の契約を行わないと示唆されていること。
(3) 会計事務所等が，依頼人から提訴するという脅しを受けていること。
(4) 依頼人が，報酬を引き下げるために，会計事務所等が実施する業務の範囲を不当に狭めるようプレッシャーをかけていること。
(5) 依頼人が，特定の事項についてより高い専門的知識をもっているために，会員がその判断に同意せざるを得ないというプレッシャーを感じていること。
(6) 会員が，監査業務の依頼人の不適切な会計処理に同意しない場合，予定された昇進が受けられないと，会計事務所等の社員等から通告を受けていること。

【付録2】会計事務所等所属の会員の業務環境におけるセーフガードの例示

1．業務環境におけるセーフガード
 (1) 会計事務所等におけるセーフガード
  ① 基本原則の遵守の重要性を強調する会計事務所等の風土を醸成すること。
  ② 保証業務チームの構成員に対し公共の利益に沿った行動を期待する会計事務所等の風土を醸成すること。

③ 品質管理システムの整備，運用及び監視に関する方針及び手続を定めること。
④ 以下に関する方針を定め，文書化すること。
　ア　基本原則の遵守を阻害する要因の認識
　イ　阻害要因の重要性の程度の評価
　ウ　阻害要因を除去するか又は許容可能な水準にまで軽減するセーフガードの適用
　エ　適切なセーフガードが存在しないか適用できない場合における，当該業務の辞退又は契約の解除
⑤ 基本原則の遵守を義務付ける内規及び手続を定め，文書化すること。
⑥ 会計事務所等又は業務チームの構成員と依頼人の間の利害関係その他の関係を特定するための方針及び手続を定めること。
⑦ 特定の依頼人から得る報酬への依存度を監視し，必要に応じて管理する方針及び手続を定めること。
⑧ 保証業務の依頼人に対する非保証業務の提供を，指揮命令系統の異なる別の業務執行者や業務チームに行わせること。
⑨ 業務チームの構成員でない者が，業務の結果に不当な影響を及ぼすことを禁じる方針及び手続を定めること。
⑩ 全ての業務執行者と専門業務を行う従業者に，会計事務所等の方針及び手続を適時に連絡し，その方針及び手続について適確な研修と教育を実施すること。
⑪ 会計事務所等の品質管理体制が適切に機能していることを監視する責任者を，上級管理職の中から指名すること。
⑫ 独立性を維持すべき保証業務の依頼人とその関連企業等を，業務執行者と専門業務を行う従事者に知らせること。
⑬ 方針及び手続の遵守が徹底されるために懲戒制度を定めること。
⑭ 基本原則の遵守に関連する問題が生じた場合に，会計事務所等内の責任部署に報告がなされるための方針及び手続を定めること。
(2) 個々の専門業務におけるセーフガード
① 非保証業務に関与しなかった会員に，当該非保証業務を検証させるか，必要に応じて他の助言を提供させること。
② 保証業務チームの構成員として関与しなかった会員に，当該保証業務

を検証させるか，必要に応じて他の助言を提供させること。
③ 社外役員，本会，他の会員等といった独立の第三者に相談すること。
④ 依頼人の監査役等と倫理に関する事項について協議すること。
⑤ 依頼人の監査役等に，提供する業務の内容と報酬請求額を説明すること。
⑥ 他の会計事務所等に，業務の一部を実施又は再度実施してもらうこと。
⑦ 保証業務の主要な担当者をローテーションすること。
2．依頼人の内部組織と内部手続におけるセーフガード
(1) 依頼人が，会計事務所等を選任して業務を実施させる際，経営者以外の者がその選任を許可又は承認すること。
(2) 管理上の判断について経験を積んだ有能な従業員が，依頼人の組織内に存在すること。
(3) 依頼人が非保証業務を依頼する際に，依頼人自らが，客観的な選択をするための内部手続を設けていること。
(4) 依頼人が，企業統治の仕組みをもっており，会計事務所等の業務を適切に監視し，会計事務所等とコミュニケーションをとっていること。

【付録3】企業等所属の会員の業務環境に存在する阻害要因を生じさせる状況及び関係の例示

1．自己利益
(1) 所属する組織の株式等の保有，所属する組織からのローン又は保証を受けること。
(2) 所属する組織の利益連動型報酬制度に参加すること。
(3) 所属する組織の資産を流用すること。
(4) 雇用継続について懸念があること。
(5) 所属する組織の外部から，取引を強要するようなプレッシャーを受けること。
2．自己レビュー
　実現可能性を調査し，買収を決定した後，企業結合の適切な会計処理を決定すること等
3．擁護

所属する組織の目標と目的を適法に達成するため，企業等所属の会員が，虚偽又は誤解を招かないように陳述を行う限り，所属する組織の立場を守ることは，擁護に該当しない。
4．馴れ合い
　(1)　企業等所属の会員の家族又は近親者が，所属する組織の財務報告に影響を与える意思決定をし，会員が財務報告に責任を負っていること。
　(2)　事業上の意思決定に影響力のある取引相手と長い付き合いをしていること。
　(3)　所属する組織において許容される範囲内で贈答又は接待を受け，その金額が社会通念上許容される範囲を超えること。
5．不当なプレッシャーを受ける脅威
　(1)　会計原則の適用又は開示方法について意見が相違する場合に，企業等所属の会員又はその家族若しくは近親者が解雇されたり配置転換されたりするおそれがあること。
　(2)　所属する組織から，契約の締結や会計原則の適用等に関する意思決定プロセスに影響を及ぼそうとするプレッシャーを受けていること。

【付録4】企業等所属の会員の業務環境におけるセーフガードの例示
1．所属する組織内の監視システム又はその他の監視体制が整備されていること。
2．所属する組織に倫理及び行動に関する規範があること。
3．有能で高い倫理観をもった人材を雇用することを重視すること。
4．内部統制が整備されていること。
5．適切な懲戒制度があること。
6．倫理に沿った行動をとることの重要性を強調する風土を醸成すること，及び従業員に対する倫理観のある行為を期待すること。
7．従業員の倫理観のある適切な行動を促し，それをモニタリングする方針及び手続が整備されていること。
8．組織の方針及び手続（それらの変更も含む。）を全従業員に対して適時に伝達し，その方針及び手続についての適切な研修と教育をすること。
9．倫理に関する問題が身近で発生した場合に，報復を恐れずに組織の上層部に相談できるよう，従業員を支援し，促す方針及び手続を定めていること。

10. 他の適切な会員と相談すること。

倫理規則の独立性（第14条）の解説

資料2

平成13年11月5日
日本公認会計士協会

　日本公認会計士協会は，公認会計士の社会における地位向上を目指し，かつ，国際会計士連盟が公表した「会計士の倫理規程」との調和を図るため，二度にわたり，倫理規則の公開草案を公表し，これに対する会員等から寄せられた意見を参考に，平成12年7月の総会における承認を受けて，従来の紀律規則を全面的に改め，倫理規則を制定した。

　独立性に関する第14条の規定とそれにかかわる注解11については，倫理規則の重要な部分であることから，さらに具体的な解釈を示し，実務上の参考に資することとし，引き続き職業倫理高揚のためのプロジェクトチームにおいて審議し，本解説を取りまとめた。なお，本解説に示された具体的解釈は，かなり厳しいものであるかもしれないが，独立性の保持に疑いをもたれるような関係や外観に対しての具体的解釈であり，かかる関係や外観を呈している場合には，できるだけ早期にしかるべき対応を行い，疑いをもたれるような状態を解消し，社会の負託に応えることが肝要である。

1．第14条の規定の主旨

　監査業務を行うに際しての独立性の規定は，倫理規則第14条第1項の後段において，「独立性の保持に疑いをもたれるような関係や外観を呈しないよう留意しなければならない。」としているが，旧紀律規則の第5条第1項では，「独立の立場について疑問をもたれるような利害関係を有する場合には，当該利害関係を有する企業等について監査業務を行ってはならない。」としている。

　ここで「独立性の保持に疑いをもたれる」と「独立の立場について疑問をもたれる」とを同意義と解釈するならば，旧紀律規則では監査業務に従事することができない，すなわち，禁止規定であったが，倫理規則ではかかる「関係や外観を呈しないよう留意しなければならない。」というように留意規定とした。

　この点については，旧紀律規則の規定は，どのような事例が「疑問をもたれるような利害関係」に当たるかについて明示されていなかったため，その実効性を欠くきらいがあった。今回，倫理規則を新設するに際して，公認会計士に対しての社会的信頼の向上と国際会計士連盟（IFAC）の倫理規程との調和を念頭において「関

係や外観」を例示することにより，監査人としての独立性の保持に関する自主規制をより実効性あるものとした。

2．報酬の依存度

> **注解11－1－(1)**
> 特定の関与先又は関与先グループから継続的に受け取る報酬が，会員の収入の大部分を占める場合

(1) 注解にいう「収入の大部分を占める」はどの程度かということが問題となるが，会員の収入の50％以上を特定の監査関与先又は監査関与先グループからの収入に依存している場合は，「収入の大部分を占める」に該当するものと判断すべきである。

(2) この報酬の依存度の計算は，次のように行うことが妥当と考えられる。分母とする「会員の収入」の範囲は，公認会計士業務に係る継続的収入の総額とする（税理士業務や不動産鑑定士業務等の職業専門家としての業務を兼業している場合には，これらに係る収入も含む。）。分子となる「特定の関与先又は関与先グループから継続的に受け取る報酬」の範囲は，監査関与先又は監査関与先グループからの監査報酬及び付随する助言収入（マネージメント・コンサルティング・サービス収入を含む。）で，継続的収入の総額とする。なお，「関与先グループ」には，監査関与先の親会社，子会社，関連会社及び親会社等の支配下にある会社（兄弟会社）等を含むものとする。

(3) ①監査事務所（公認会計士事務所又は監査法人をいう。以下同じ。）設立後，5年以内であり，「会員の収入」が30百万円以下の場合，②「特定の関与先又は関与先グループから継続的に受け取る報酬」が10百万円未満の場合は，この注解から除外して差し支えないと考えられる。

3．主要な担当者と長期間関与の期間

> **注解11－1－(2)**
> 監査業務の主要な担当者が，長期間継続して同一の関与先の監査業務に従事している場合
> なお，一定規模以上の企業等の監査を個人単独で監査をしている場合には，独立性の保持の観点からもできるだけ共同で組織的監査を行うようにする必要があ

る。

(1) 主要な担当者と通常考えられるのは，監査報告書に署名する公認会計士，又は監査法人においては，監査報告書に署名する社員である。
(2) 同一の監査関与先に長期間関与することは，外観上，独立性が損なわれていると認められる。この場合の長期間とは，米国のSEC基準では7年，公認会計士審査会監査制度小委員会の報告でも国際的に遜色ないものとして7年を求めているため，倫理規則の適用上も7年とするのが妥当と考える。
　　また，関与期間と関与期間とのインターバル（関与できない期間）は，少なくとも2年は必要である。したがって，この2年間は，当該監査関与先の監査に関与してはならない。
(3) 小規模事務所では，ローテーションに必要な人員が確保できないことが考えられる。この場合の対策として，共同事務所化又は監査法人化を検討し，ローテーションに対応すべきである。
(4) 注解では，ローテーションルールを一定規模以上の企業等の監査について適用すべきであると想定しており，この場合の「一定規模」については，企業等の規模（資本金，負債額，売上高等），企業等を取り巻く利害関係者の範囲等，総合的に判断しなければならない。したがって，「一定規模以上の企業等」には，証券取引法監査対象会社のほか，商法特例法監査対象会社の中で社会的影響の大きな会社，その他これに準ずる生損保会社，信用金庫等が含まれる。

4．社会慣行を超える接待等

注解11－1－(4)
関与先から社会慣行を超える接待若しくは贈答を受けること，又は，関与先に対して社会慣行を超える接待若しくは贈答を行うこと

　会員は，監査業務を実施するに際して監査関与先とは，明確に一定の節度を意識して行動しなければならない。第三者の目から見た場合にも，監査関与先と監査人との関係について癒着や馴れ合いを想起させることのないよう留意しなければならず，したがって，注解は「社会慣行を超える接待・贈答」を禁止する立場をとっている。
　「社会慣行を超える」ことになるかどうかの個別判断については，注解では具体的，画一的基準や尺度を示すことはしなかったが，社会慣行の範囲内であるか否か

の判断に当たっては，金額，時期，回数，方法等総合的に勘案するとともに，公認会計士業務の特殊性をも加味した上で，極力厳格に判断すべきである。規則の精神からすると些かなりとも独立性に疑いをもたれるおそれがあれば，会員はこのような行為を慎み，そのような関係をもたないよう努めるべきである。

注解は，これらの行為や関係を極力抑制することが本来の趣旨であり，個別具体的尺度についてはむしろ個々の公認会計士又は監査法人独自で自己規律としての行動指針をもつことを求めている。

5．会員が過去に関与先の役員又は従業員であった場合

注解11―1―(5)
会員が過去に関与先の役員又は従業員であった場合

(1) 公認会計士法及び公認会計士法施行令では，公認会計士又はその配偶者が，役員，これに準ずるもの，財務に関する事務の責任ある担当者，若しくは使用人であり，又は過去1年以内にこれらの者であった会社等の財務書類については，当該公認会計士はその監査を行ってはならないと規定している。同様のことは，監査法人に対しても規定されている。

注解では，さらに監査関与先の経営者からの影響力等を考慮して，「過去に関与先の役員又は従業員であった場合」は「独立性の保持に疑いをもたれるような関係や外観」としているが，その影響力という趣旨からすれば，役員を退任後，又は従業員を退職後7年程度経過すれば，「独立性の保持に疑いをもたれるような関係や外観」は一応解消されたものと考えられる。

(2) 役員及び従業員の範囲は，公認会計士法にいう「役員」，「これに準ずるもの」，「財務に関する事務の責任ある担当者」及び「使用人」ということになる。

具体的に例示すれば，「役員」は，会社にあっては，取締役及び監査役であり，その他の法人にあっては，理事や監事が該当し，常勤，非常勤を問わず，また，「これに準ずるもの」には，執行役員，顧問及び相談役等の名称にとらわれず，実質的に判断すべきである。

従業員は，経営の意思決定に重要なかかわりをもつ職位，職種が対象となり，例えば，社長室，企画部，経理部等の役職者が該当することとなる。

6．株式の保有

> **注解11―1―(6)**
> 会員が関与先の株式を保有している場合

　公認会計士法施行令第7条第1項第4号ただし書きにおいて，「公認会計士とその配偶者」が被監査会社等（監査関与先）の株式について5,000株未満（額面50円換算）を保有している場合には，公認会計士法第24条第2項の「著しい利害関係」には該当しないとされている。しかしながら，注解では，この場合でも「独立性の保持に疑いをもたれるような関係や外観」を呈しているものとして取り扱うこととした。

　また，倫理規則では，その規制されるべき対象者を上記に加え，被監査会社等（監査関与先）の監査に従事する補助者も含めている（倫理規則第14条第2項第1号）。

　さらに，「証券取引法に規定するインサイダー取引」の観点から，公認会計士が負っている社会的使命を全うし，社会の信頼性及び公認会計士業務の公正性を維持していくことを考慮すると，公認会計士法及び倫理規則の本文に規定する対象者だけでなく，次の者も規制の対象者と考えるべきである。

① 　監査責任者と生計を一にする2親等以内の親族
② 　補助者の配偶者及び補助者と生計を一にする2親等以内の親族
③ 　監査法人の場合には，当該監査法人に所属する社員及び当該被監査会社等の審査にかかわる者並びにこれらの配偶者及びこれらと生計を一にする2親等以内の親族

7．監査とマネージメント・コンサルティング・サービスとの関係

> **注解11―2**
> 　会員が提供するマネージメント・コンサルティング・サービスにおいて，会員が経営者の意思決定に関与している場合又は経営責任を負うことがあれば，会員の独立性は損なわれているものと推察される。したがって，会員は，助言機能を超えて経営者が担当すべき分野に介入しないように注意しなければならない。

(1) 　監査事務所が監査関与先に監査業務を提供するとともに，その他の業務を提供する場合（監査事務所の子会社，関連会社が提供する業務を含む。）には，その外観から独立性の保持に疑いを持たれる可能性を否定できない。そのため，

監査事務所は自らの判断により，監査関与先に提供しようとするその他の業務（監査事務所の子会社，関連会社が提供する業務を含む。）の範囲と種類が，監査関与先に対する監査機能の遂行に際して，独立性を損なわないよう慎重に検討しなければならない。
(2) 監査事務所が監査の依頼を受けた場合，監査関与先における監査実施のための環境を整備し又は改善するために指導を行うことがある。この指導は監査業務の一環として行われるものであり，たとえその指導報酬が監査報酬と区別されているとしても，監査事務所の独立性を損なうものではない。
(3) 監査事務所は監査関与先から，財務に関するデータ処理業務，さらにコンピュータのシステム設計業務及びプログラミング支援業務の提供を求められることがある。このような場合，監査関与先から独立していると判断されるためには次のすべての要件を満たす必要がある。
　① 監査関与先が，作成された財務諸表に対する責任は監査関与先自らにあることを認識していること。
　② 監査関与先が自らの取引の内容及び金額を明確に識別するために，十分かつ詳細な取引に関する原始書類の作成義務を認識していること。
　③ 上記②に関連し，監査事務所は監査関与先の同意なく取引の基本的資料の変更は行わないこと。
　④ 監査事務所は上記の業務の遂行に当たって，監査関与先の経営者あるいは従業員の役割を引き受けてはならないこと。すなわち，上記の業務の遂行に伴い生ずる取引の承認及び実行について，監査関与先の経営者あるいは従業員に代わって権限行使してはならないこと。
　⑤ 監査事務所において，上記の業務を担当する者はその監査関与先の監査に従事する者と，組織上明確に分離されていること。
(4) 次の行為が監査事務所によって遂行される場合，監査事務所の監査関与先に対する独立性は損なわれるものと判断される。
　① 日常の取引に対する継続的監視・管理活動等のように監査関与先の経営あるいは生産プロセスに関連する定型的な活動を遂行すること。
　② 内部統制システムの改善が必要な場合に，その改善の実施を決定すること。
　③ 全般的な内部監査計画の承認あるいはそれに対する責任を負うこと。
　④ 内部監査機能に責任を負うべき監査関与先の経営者に代わって行動すること。
　⑤ 取引の承認，実行を監査関与先に代わって権限行使すること。

⑥　取引に関する原始書類を作成すること。
⑦　資産の管理責任を負うこと。
(5)　監査事務所と監査関与先とが共同で事業活動に参加する場合（例えば，両者でジョイントベンチャー事業を行う場合），原則として監査事務所の監査関与先に対する独立性は損なわれているものと判断される。

　なお，共同で事業活動に参加する場合であっても，次のすべての条件が満たされている場合には，監査事務所の独立性は損なわれないと判断される。
①　監査事務所の参加と監査関与先の参加が，双方の協定等によるのではなく，第三者の企画等により，結果的に共同で事業活動に参加した場合
②　監査事務所は監査関与先の行動あるいはその結果に対し，及び監査関与先も監査事務所の行動あるいはその結果に対し，全く責任を負わない場合
③　監査事務所及び監査関与先がいずれも相手方の代表者又は代理人として行動する権限を有しない場合

8．協会の審査

　注解11—1では，会員は，「独立性の保持に疑いをもたれるような関係や外観」に関して疑念が生じた場合若しくは直ちにその関係や外観を解消できない場合には，本会（協会）に審査を要求したり，その審査の頻度を上げる等の措置を講じる必要があるとしている。この協会の審査は，真に独立した立場で監査業務を実施したかどうかを判断することとなるため，監査意見形成過程に支障があったか否かの審査となり，実質的には品質管理レビュー制度の一環として実施されることになろう。

（平成19年3月31日をもって本件は廃止となっています）

資　料

独立性に関する法改正対応解釈指針

資料3

平成16年1月16日
日本公認会計士協会

　改正公認会計士法では，これまで当協会の倫理規則等によって独立性に関する自主規制の対象となっていたローテーションの実施，組織的監査の実施，経営判断に関与するマネジメント・コンサルティング・サービスや，関与先の株式保有のうち，一定の範囲のものについて，これを法的にも禁止するということが盛り込まれており，また，就職制限といった新たな法的規制として加えられた事項もある。

　そこで，この改正法令が施行される本年4月1日までの間に，被監査会社等の株式保有又は出資，大会社等における単独監査の禁止，就職制限又は公認会計士及び監査法人の業務制限，非監査証明業務の同時提供など，特に監査人の独立性の強化に関連する改正法令の解釈やこれまでの自主規制との関係を「独立性に関する法改正対応解釈指針」として整理し，取りまとめ，会員業務における無用の混乱を避けるため，随時，会員へ通知することとした。

　このたび，「被監査会社等の株式保有又は出資」及び「大会社等における単独監査の禁止」の2つのテーマについて，理事会にて決議されたことから，会員へ通知する。

　「独立性に関する法改正対応解釈指針」は，改正法令等の解釈や留意事項を改正法令施行後の当面の会員業務の実務上の参考に資するため取りまとめたものであり，倫理規則による独立性の自主規制については，現在，IFACの倫理規定を参考にフレームワーク・アプローチを採用した規定への見直しを別途検討しており，同規則変更については今夏の定期総会に議案提案する予定である。

以上

索　引

欧文

AICPA …………………10,12,28,33,65,66
ASB ………………………………………61
ASOBAC …………………………………24
CPE …………………………………10,17,60
GAAP ……………………………………62
GAO ………………………………………82
IAS …………………………………………74
IFAC ………………20,29,35,37,69,70,92
Legend Clause……………………………76
PCAOB ……………………………16,58,62,99
POB ………………………………………16,60,62
profession …………………………………6
Public Interest ……………10,73,81,100
SAS …………………………………………61
SEC ………………………………27,28,57,82

あ行

アーサー・アンダーセン………………4,25,31
アメリカ公認会計士協会
　　　　　　　　　…………9,12,28,33,65,66
一般に認められた会計基準………………62
エンロン社…………………………………4,94,95

か行

会計検査院…………………………………82
会計プロフェッション　…………6,101
監査基準………………………31,32,59,61
監査基準書…………………………………61
監査基準審議会……………………………61
監査人の条件………………………………24
監査人の独立性……………………………82
企業改革法…………………………………4
基礎的監査概念報告書……………………24
期待のギャップ……………………………46
紀律規則………………………………35,36
警句…………………………………………76
警告文………………………………………76
継続的専門研修……………………………68
公開会社会計監視委員会……16,58,62,99
公共監視審査会……………………16,60,62
公共の利益………………10,25,73,81,100
公認会計士法……35,73,75,78,79,81,83
国際会計基準………………………………74
国際会計士連盟……20,29,35,37,69,70,92

さ行

財務諸表監査……………………21
自主規制 ……………15,28,30,35,58~60
実践としての職業倫理 ……56,87~90,93
私的統制 ……………………15,27,29
証券取引委員会 ……………27,28,57,82
職業行為規程……………………33
職業倫理 …………3,12,13,15,41,67,102
職業倫理規程…………9,10,32,59,65,66,69
制度としての職業倫理
　　………………55,56,64,65,69,73,87,88

た行

ディスクロージャー………………88

な行

二重責任の原則…………………49
2002年サーベインズ＝オックスリー法
　　………………………………4

は行

排他的独占権……………………15
パブリック・インタレスト……………10
品質管理基準……………………59
品質管理審議会 ………………31,67
品質管理レビュー ………17,31,67,68
プロフェッショナリズム………………25
プロフェッション ………………6,9

ら行

理論としての職業倫理 …………55,56,89
倫理基準………………………64
倫理規則 ……………29,31,35,36,67,80,83

著者紹介

八田　進二（はった　しんじ）

青山学院大学大学院会計プロフェッション研究科教授，博士（プロフェッショナル会計学，青山学院大学）。慶應義塾大学経済学部卒業（1973年），早稲田大学大学院商学研究科修士課程修了（1976年），慶應義塾大学大学院商学研究科博士課程単位取得満期退学（1982年）。

現在：金融庁企業会計審議会委員，金融庁「会計監査の在り方に関する懇談会」メンバー，日本内部統制研究学会会長，日本ディスクロージャー研究学会理事，日本経営分析学会理事，日本公認会計士協会監査問題協議会委員等。なお，他に，日本監査研究学会会長，日本会計研究学会評議員，国際会計研究学会監事，会計教育研修機構理事等を歴任。

著訳書：『会計のいま，監査のいま，そして内部統制のいま』『会計プロフェッションと監査』『会計・監査・ガバナンスの基本課題』『21世紀　会計・監査・ガバナンス事典』『会計プロフェッションの職業倫理』『監査人の職業的懐疑心』『「逐条解説」で読み解く　監査基準のポイント』『会計・監査・ガバナンスを考える』（以上，同文舘出版），『内部統制の統合的フレームワーク［フレームワーク篇／ツール篇／外部財務報告篇］』『企業不正防止対策ガイド（新訂版）』（以上，日本公認会計士協会出版局）『会計プロフェッションの職業基準』『不正な財務報告』『内部統制の統合的枠組み［理論篇／ツール篇］』『アメリカ会計プロフェッション』（以上，白桃書房），『監査の社会的役割』『ゴーイング・コンサーン情報の開示と監査』（以上，中央経済社），『公認会計士倫理読本』『公認会計士倫理教本』（以上，財経詳報社）他，多数。

公認会計士倫理読本　平成28年増補版
―国際的な信認を得るための鍵―

平成16年3月26日　初版発行©
平成28年7月6日　平成28年増補版発行

著　者　八　田　進　二　[検印省略]

発行者　宮　本　弘　明

発行所　株式会社　財経詳報社
〒 103-0013　東京都中央区日本橋人形町 1-7-10
電　話　03(3661)5266(代)
FAX　03(3661)5268
http://www.zaik.jp
振替口座　00170-8-26500
Printed in Japan 2016

落丁，乱丁はお取り替えいたします。　印刷・製本　図書印刷株式会社
ISBN978-4-88177-762-6